乡村振兴案例选

第一辑

XIANGCUNZHENXING
ANLIXUAN

中央党校（国家行政学院）
国家高端智库乡村振兴实验室

曹立——主编

中央党校（国家行政学院）国家高端智库
『国家治理研究』丛书系列

中共中央党校出版社

图书在版编目（CIP）数据

乡村振兴案例选．第一辑 / 曹立主编．-- 北京：中共中央党校出版社，2022.11（2024.11 重印）

ISBN 978-7-5035-7414-6

Ⅰ．①乡… Ⅱ．①曹… Ⅲ．①农村—社会主义建设—案例—中国 Ⅳ．① F320.3

中国版本图书馆 CIP 数据核字（2022）第 166627 号

乡村振兴案例选（第一辑）

出版统筹 刘　君
责任编辑 王慧颖
装帧设计 一亩动漫
责任印制 陈梦楠
责任校对 王　微
出版发行 中共中央党校出版社
地　　址 北京市海淀区长春桥路 6 号
电　　话（010）68922815（总编室）　（010）68922233（发行部）
传　　真（010）68922814
经　　销 全国新华书店
印　　刷 北京盛通印刷股份有限公司
开　　本 710 毫米 ×1000 毫米　1/16
字　　数 205 千字
印　　张 17
版　　次 2022 年 11 月第 1 版　2024 年 11 月第 3 次印刷
定　　价 69.00 元

微 信 ID： 中共中央党校出版社　　**邮　　箱：** zydxcbs2018@163.com

前言

脱贫攻坚是全面建成小康社会的关键性工程，乡村振兴是实现中华民族伟大复兴的一项重大任务。在全面建成小康社会，迈向现代化国家建设新征程上，中国共产党的中心任务就是团结带领全国各族人民，全面建成社会主义现代化强国、实现第二个百年奋斗目标，以中国式现代化全面推进中华民族伟大复兴。习近平总书记在党的二十大报告中明确指出：“全面推进乡村振兴，坚持农业农村优先发展，巩固拓展脱贫攻坚成果，加快建设农业强国，扎实推动乡村产业、人才、文化、生态、组织振兴，全方位夯实粮食安全根基，牢牢守住十八亿亩耕地红线，确保中国人的饭碗牢牢端在自己手中。”可见，在中国式现代化进程中，全面推进乡村振兴是一个实践命题，是一个理论命题，更是一个政治命题。

中央党校经济学教研部于2015年底，在革命老区、民族地区、特困地区、边疆地区选择具有代表性的国家级贫困县，先后设立了中央党校精准扶贫实验室。以务实探索的态度、扎实工作的精神、科学严谨的方法，跟踪贫困地区的发展变化，提出具体的政策建议。在此基础上，创办了中央党校精准扶贫论坛。每年一个主题，连续举办了六届中央党校精准扶贫论坛，邀请学者、扶贫干部，同场交流扶贫实践、政策建议及理论创新，推动理论和实践的结合。为推动扶贫理论研究提供第一手资料，也为扶贫一线干部和群众提供具有操作性的扶贫案例。

2021 年脱贫攻坚任务完成后，在原有扶贫实验室的基础上，进一步进行了拓展，建立了中央党校（国家行政学院）乡村振兴实验室。本书选编的乡村振兴案例，都是来自中央党校（国家行政学院）乡村振兴实验室的案例。这些地方的干部和群众因地制宜创造了很多好做法、好措施、好机制，对于各地全面推进乡村振兴，具有重要借鉴意义。

参与本书编写的作者，都是长期从事区域发展、“三农”等问题研究，并承担中央党校（国家行政学院）中青班、县委书记研修班授课的老师。在案例选择上，既展现乡村振兴理论和实践的内在逻辑，又体现案例本身的代表性、创新性及可借鉴性。

曹立教授对案例的收集、选编、点评作了整体设计。阎荣舟老师撰写了福建省古田县、云南省元谋县、北京市房山区案例，并承担了案例集统稿工作。高惺惟老师撰写了内蒙古自治区兴安盟科右中旗、内蒙古自治区鄂伦春自治旗、宁夏回族自治区固原市原州区案例。汪彬老师撰写了云南省墨江县、安徽省枞阳县、湖南省花垣县案例。崔琳老师撰写了重庆市长寿区、江西省安远县、贵州省威宁自治县的案例。孙生阳老师撰写了四川省新津区、四川省南部县、四川省马边彝族自治县、腾讯与四川省凉山彝族自治州案例。解晋老师撰写了河南省鄢陵县、河南省罗山县、河南省宝丰县案例。王钺老师撰写了山西省晋中市、河北省武邑县、河北省青县案例。李晨老师撰写了云南省怒江傈僳族自治州、云南省大关县、浙江省常山县案例。石以涛博士撰写了陕西省富县、陕西省米脂县、陕西省合阳县案例。

本书在案例的收集和编写过程中得到了相关省市县扶贫办的大力支持，在此深表感谢！

作　者

2022 年 10 月 16 日

目录

推进江西农业农村现代化

——江西省赣州市安远县“智运快线”村村通实践案例

背景导读

江西省赣州市安远县位于江西省南部、闽粤赣三省交汇处，是典型的丘陵山区县，地形南北长、东西窄，地势中部突起，向南北倾斜。全县辖10乡8镇、152个行政村，面积2375平方公里，全县常住人口35.3万人（乡村人口19.1万人）。2019年实现脱贫摘帽后，安远县全力巩固提升脱贫攻坚成果，由注重加强民生保障向注重持续稳定增收转变、由注重解决现实问题向注重解决深层问题转变、由注重阶段攻坚向注重建立长效机制转变。

2019年5月20日至22日，习近平总书记亲临江西视察，对江西提出了“五个推进”的工作要求，为江西的高质量跨越式发展锚定了方向、指明了道路。为了巩固好脱贫攻坚成果，安远县大力推进电商助农，为乡村振兴注入动力。为破解传统物流效率低、成本高，“农产品进城”和“工业品下乡”的“最后一公里”等痛点和难点问题，安远县主动作为，引进“智运快线”空中物流建设项目，形成“智慧园区+智运快线+数字平台”三位一体的城乡智慧物流发展新模式。

目前，安远县已建成国家电子商务进农村综合示范县、交通运输部对口支援县、“四好农村路”全国示范县和全国数字乡村试点县，在乡村振兴道路上迈出了新步伐。通过电商带动发展，安远县的“网红”农产品紫山药、百香果、红蜜薯、猕猴桃、油茶等种植、销售规模不断扩大。通过构建寻全、宁定高速组成的“十字型”高速公路网，该县行政村农村客运通达率为100%，形成外通内畅的综合交通网络。通过大力发展城乡智慧物流，该县2020年行政村物流覆盖率达到85%，快递通达率19.74%，乡镇收寄物流覆盖率达到88.89%。安远县以“智运快线”村村通建设为抓手，通过“农村物流革命”推动农村生产生活方式的深刻变革，为推动江西农业农村现代化提供了有益借鉴。

基本做法

针对传统农村电商快递物流企业到村服务覆盖率低、成本高、时效性差等难题，安远县将城乡智慧物流体系建设作为深入推进乡村振兴的关键之举，打造出“智慧园区+智运快线+数字平台”三位一体的城乡智慧物流发展新模式。通过布局完善县乡村三级城乡智慧物流网络节点体系，构建基于近地低空索道和穿梭机器人的智运快线，依托数字平台释放城乡智慧物流发展潜力，畅通农产品和消费品双向流通渠道，最终形成了完善的农村智慧物流服务网络体系，实现了快递到家、触手可及。目前，安远县在县西南部的鹤子镇开展城乡智慧物流建设试点工作，试点于2020年12月12日开通运营，至今已取得明显成效。

一、搭建平台，构建城乡智慧物流发展新模式

安远县深入贯彻县域交通强国战略部署，将建设城乡智慧物流作为乡村振兴的重要抓手，创新组建县属企业安远县东江电商产业集团（简称东江电商集团），探索建立“智慧园区＋智运快线＋数字平台”三位一体的城乡智慧物流发展新模式，畅通了农产品和消费品双向流通，加快了电商、快递进农村，扩大了县乡消费，为构建城乡“1小时经济圈”打下坚实基础。

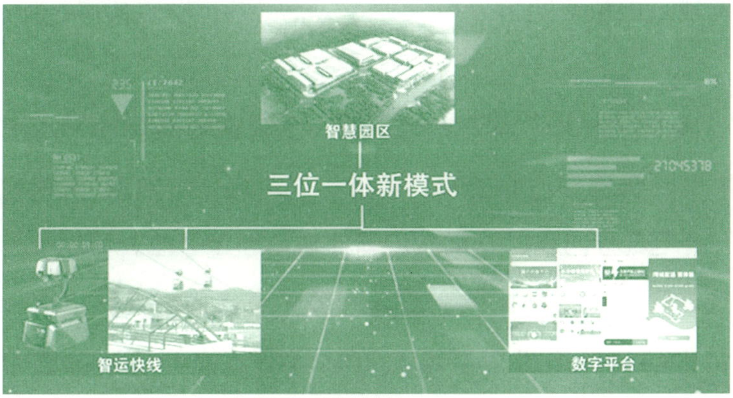

“智慧园区＋智运快线＋数字平台”发展模式示意图

（一）以智慧园区新仓储，构建仓配服务一体化

针对快递物流企业各自为战、网点分散，自动化、智能化设备投入不足等问题，东江电商集团投资20亿元，建设占地521亩的电商产业园，围绕电商业态，建设电商快递物流园、智能分拣中心、冷链物流中心、农产品集散中心、物流大数据中心、5G直播大厦、数字产业园等配套设施，深度融入商品供应链数字化、智能化、在线化管

理，实现电商快递统收统配。园区依靠互联网、大数据、人工智能、5G 通信等现代科技，主要凸显两大服务功能：一是聚集电商资源。发挥公共服务枢纽作用，引进大型快递物流企业、电商企业、贸易企业入驻，聚合现有快递物流、副食品、农资等各类仓配资源，通过统收统配，实现货位的有效利用、订单快速响应、商品高效周转、物流信息实时监控。目前已入驻电商企业 114 家，快递物流基本实现园区统收统配，破解了物流企业各自为战、网点分散问题。二是创新服务新业态。围绕电商物流发展的新业态提供服务，通过建设数字产业园，打破传统物理边界，为全国电商企业、直播达人、网红等群体提供办公场地、虚拟空间、公司注册等“一键开户”式离岸注册“云端”服务。

（二）以智运快线新基建，构筑城乡三级智能物流配送网络

针对电商快递到村服务覆盖率低、成本高、时效差、“最初和最后一公里”配送难等问题，安远县创新建设了新型智慧物流运输方式——智运快线。智运快线是在低空架设钢缆索道作为柔性轨道，云端系统控制、自带动力穿梭机在索道上行驶运输货物的新型绿色化、智能化、轻量化、无人化运输系统，其主要特点是“投资省、建设快、占地少、零排放”，营运上“小批量、多批次、随时发、准时到、速度快、成本低”。安远县在电商产业园区建设 1 个县级数字化、智能化物流配送总仓，依托乡镇客运站和村级交通服务站建设 18 个乡镇智能物流配送分仓，102 个村级智能物流基站，在三级站点之间架设低空索道，形成总长约 360 公里覆盖县乡村的三级“智运快线网络”，实现物流网络节点间的智能配送与县乡村三级城乡物流网络节点间即时运输。

从运行效果看，智运快线有效破解了传统物流企业到村服务覆盖率低、成本高、时效性差等难题。一是打通农村电商“最后一公里”。通过架设连接乡村之间的低空运输索道，由云端系统控制的智能穿梭机器人载货，在索道上自动驾驶运输到基站服务站点，再由基站站长直接配送到户，最快时速 60 公里，可以实现随时发、准时到，改变了传统快递物流仅能运送到乡镇、村民需到圩镇收发快递和货物的问题，满足当前乡村物流“小批量、多批次，即时配送”等需求。二是有效降低农村物流成本。智运快线具有无人化、低成本、小批量、高频次等技术特性，适用于多种农村物流场景，较其他运输方式具有明显的比较优势。智能穿梭机器人设计载重量为 100 公斤，并兼容低温物流箱等冷链运输设备，可 24 小时运行，综合运输成本预计比公路运输下降 50% 以上，是未来城乡现代物流发展的新型运输方式，能够有效助力乡村振兴。三是契合低碳物流发展趋势。穿梭的运输机器人代替了传统燃油运输车辆，较大程度上减少了城乡之间燃油机动车的使用率，减少尾气排放，有效推动县域交通物流绿色低碳发展、农村生产生活方式绿色转型，助力实现碳达峰、碳中和。四是有利于减少农村交通事故。通过发展“智慧园区 + 智运快线 + 数字平台”模式，可以实现农村物流无人化运输，减少村民开摩托车、三轮车去取快递或者进行农产品销售的需求，从而有效降低相关交通事故数量，保障日常交通安全，提升农村安全水平。从试点实际运行情况看，南线鹤子镇智运快线于 2020 年 12 月 12 日投入使用，使用轻量版智运快线技术，标准承载 25 公斤，最大承载 50 公斤，运行时速约 30 公里，可实现镇域内随时发送、半小时到达，主要覆盖 1 镇 5 村，线路约长 10 公里（双向 20 公里），直接服务全镇 1.7 万余人。

（三）以数字平台新零售，实现本地生活数字化，推动县域数字化“农货上行”“商品下行”

安远县鹤子镇智能配送分仓

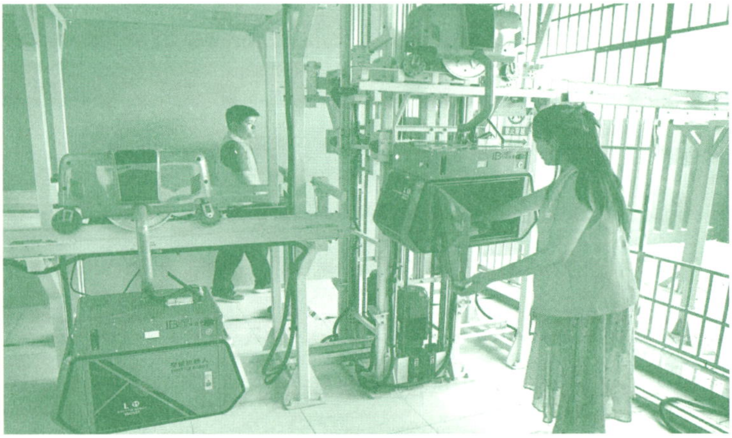

智运快线穿梭机装载货物

针对销售和消费渠道不畅问题，结合农民消费习惯，安远县搭建起服务县乡村、链接智运快线的运营智运商城、智运云店、智运骑士、智运闪送等一系列数字平台，平台完善团购、秒杀、短视频、直播、集采等功能，为农户和本地实体商家销售产品提供了可落地、可操作的一揽子解决方案，实现了县乡村三级产品流通的无缝对接，推动形成农村数字平台生态链。数字平台通过联盟、加盟等方式整合镇内分散商户，发挥网店运营、线上团购、直播带货、短视频营销等商业模式的比较优势和组合效率，发展“本地消费、即时配送”的乡村零售新业态。智运商城数字平台帮助农民通过商城向县域内 40 万消费者直播销售自家“小而散”的非标农产品，又可以通过商城买到货真价实的农资和各种消费品，实现“销售本地化、消费数字化”，推动县域内“农产品进城、工业品下乡”。

从运行效果来看，一是培训了网销“新农人”，农民明显增收。组建专业培训团队，对农民开展电商基础知识、短视频制作、直播带货、商城运用免费培训，培育互联网“新农人”，使手机成为“新农具”，网上卖货成为“新农活”。线上销售农产品，减少中间收购环节，农民增收效益明显。以红薯、紫山药为例，农民卖给中间商分别为 0.6 元 / 斤、0.8 元 / 斤，在网上直接销售，可以卖到 5 元 / 斤、3 元 / 斤。鹤子镇成功带动 642 户贫困户发展农业种养产业，数字平台拉动全镇 9 个村实现村级集体经济收入 10 万元以上，村集体经济合作社社员户均增收 8400 元。二是引导农民消费方式向数字化转变。商城通过联盟、加盟等方式整合县内分散商户，集成网店运营、线上团购、直播带货、短视频营销、同城急送、“三农”服务等商业模式，改变农民过去只能到圩镇或县城实体店的消费方式，实现了商品线上线下同步销售。农民只要动动手指头就可以在智运商城购买所需要的商品和服务。据统计，安远县智运商城平台日活跃用户数超过 3000 个，日均订单超过 300 单，实现总交易额超过 100 万元，脐橙电商销售价格比往年增长明显，去年零售价为 5 元 / 公斤，今年上涨到 7.5 元 / 公斤。

在智运快线和安远智运商城同步上线运营的鹤子镇，从下单到收货，只需要1个小时，越来越多的农民习惯在商城上购买消费品，收派件量和交易金额均稳步增长，月均单量5613单、成交额18万元。特别在春节期间，农村消费需求旺盛，村民置办年货、外出务工人员线上购物激增，智运商城交易量明显提高，仅2月智运商城交易额达37.6万元，收件量达到7363件，较1月分别同比增长167.7%和171.3%。其中，阳佳村交通物流服务基站是鹤子镇智运快线网络中的村级智慧物流基站，是在原有阳佳村交通服务站的基础上升级改造的。阳佳村交通服务站站长承接了智运商城线上农产品销售的消息发布员和质检员相关工作。智运商城线上订单确认后，站长会将农产品需求信息发布给合适的村民（供应商），村民备好货后，可步行前往阳佳村服务站，将货物交站长称重检查，后经智运快线运出。当地村民对于智运商城线上销售农产品积极性很高，通过智运商城和智运快线，可以将农产品直

安远智运商城用户端

接以零售价进行销售，如辣椒的批发价是2.5元/斤，零售价为8元/斤，农产品利润空间得到大幅提升。

阳佳村交通物流服务基站

二、以智运模式助力农业现代化，开拓乡村振兴新路径

2021年中央一号文件提出：加快完善县乡村三级农村物流体系，改造提升农村寄递物流基础设施，深入推进电子商务进农村和农产品出村进城，推动农村生产与消费有效对接。安远县“智慧园区+智运快线+数字平台”三位一体的城乡智慧物流发展新模式，为农业现代化插上了数字经济的翅膀，在产业升级、农民增收、人才培育等方面发挥了明显的带动效应。

（一）科技赋能产业数字化升级

“智慧园区+智运快线+数字平台”三位一体模式，综合提供了物流、消费、金融等一站式服务，有效整合辖区内分散商户，利用网络销售和即时配送优势，实现县内快速销售配送一体化，赋能产业数字化升级。农村地区以传统农户家庭等小散生产模式为主，农产品缺少规模化和标准化，普遍存在“小”“散”“非标”与季节性强等问题，产量、包装、品控等难以满足互联网电商平台需求。同时，在传统搜索电商场景下，农产品被动等待搜索，农民电商运营能力差，网上销售的持续性差。通过“智运快线+智运商城”，农户可将自家“小而散”的非标农产品放到本地线上商城直播销售，主动向安远40万消费者呈现“产地直发”优质农产品的方式，帮助“小农户”连接县域“大市场”，实现农业信息化、产业数字化、销售本地化。通过将传统衣食住行搬上线上商城，向县域居民推送购物、生活、休闲、娱乐等周边服务，消费者也可以足不出户便可“云逛街”、在线购物，再通过智运快线配送，同城快递物流1小时送达，节省了时间和资金，提升了用户体验，加快实现了传统实体商家“让数据多跑路，让群众少跑腿”的产业数字化转型。

（二）以电商促进农民持续增收，巩固脱贫攻坚成果

安远县积极探索数字时代“互联网+”发展模式，电商已成为当地农民增收致富的重要手段，手机成为“新农具”，直播成为“新农活”，数据成为“新农机”。2020年，安远县电商销售额突破25亿元，快递单量超1600万单，目前全县共有2万余名电商从业者，每年有5000余万斤农特产品插上了“电商翅膀”飞出大山。在电商发展过程中，安远县创新性地使用“网红直播”“直播推介会”等形式打好富硒农产品等特色产品的营销牌，做好线上全面营销，并在全省率先建设5G基站，开通5G直播间，不断厚植电商发展环境，培养电商人才。如曾多次被央视采访的半迳村贫困户“网红”魏韶珍，现在俨然成了村里的庭院产业“经纪人”“代销商”，每年通过他卖出去的农特产品200余万斤，更有农户直接与他达成了包销合同。私人定制销售、大型单位团购销售、进驻单位机关销售、包村工作队帮销、电子商务平台线上销售……安远县本地智运商城为各村特色农副产品提供了一个网

上直播和销售平台，农民只需要向村里的商城站长申请直播或入驻商城，站长在微信群分享传播，农副产品在家即可向全县销售，既增加了农民收入，又巩固了脱贫成果。

（三）加大人才培育，发展农村创业新兴力量

安远县开创的“智慧园区 + 智运快线 + 数字平台”三位一体的城乡智慧物流发展新模式，有效带动了农民创业，为乡村振兴提供了新动力。安远县鹤子镇大力实施“千名村红培育计划”，专门邀请电商企业优秀人才、网络销售达人等富有“实战经验”的讲师，定期对有志于回乡发展电商的青年进行培训。从电商入门操作讲到实战演练，成功吸引 1300 余人次参加，培养了一大批多次被媒体关注报道的“网红”“村播”。同时，利用疫情期间外出人员滞留家乡时间比较长的特点，率先提出“归雁兴业计划”，通过“线上联络、线上动员、线上培训”等方式，并给参与培训人员适当设备和资金补助，让更多在家的年轻人踏上了直播带货之路。目前，安远县鹤子镇有高校毕业生、退伍军人、返乡创业人员等各类“村红”“新农人”近 960 人。他们一手握锄头、一手拿手机，积极投身新品种种养、新媒体售卖、新模式管理等领域，“触角”逐渐伸向农村电商、民宿、乡村旅游、文创等附加值更高的新兴产业。“村红”“新农人”等爱农业、懂技术、会经营的人才队伍，正在成为农村创新创业和乡村振兴战略实施的新兴力量。

专家点评

乡村振兴的关键在于找到带动乡村经济发展的新增长点，安远县创新性地依托数字技术与电子商务，为本地经济与社会的发展插上了

腾飞的翅膀。

1. 以人民需求为出发点

安远县传统物流体系并不健全，城乡物流“少批量、多批次、多品种、长距离”的问题严重制约了电商在广大农村地区的业务拓展，“快递物流难进村、农产品难上行”已经成为亟须解决的难题，影响了人民生活生产的便利性与幸福感，阻碍了安远县乡村振兴的步伐。安远县从人民群众最急需解决的问题出发，坚持问题导向，将城乡智慧物流体系建设作为深入实施乡村振兴的重要抓手，打造“智慧园区 + 智运快线 + 数字平台”三位一体的城乡智慧物流发展新模式，解决了传统乡村电商物流模式的弊端，有效弥补了传统物流体系基础设施建设滞后、配送成本高时效低、运输成本高等不足。

2. 以技术赋能为着力点

安远县智慧物流模式具有高度密集的技术含量，其核心技术“智运快线”已升级到第七代，共计申报知识产权 186 项。“智运快线”技术主要利用低空架设的钢缆索道作为柔性轨道，云端进行系统控制，自带动力的载货穿梭机在索道上自主行驶运输货物，是一种有别于传统货物运输方式的新型绿色化、智能化运输系统。运载工具以载重 100 公斤的穿梭机器人为主，可实现自主行驶、智能调速、制定最优行驶方案，实现物流系统各环节的自动化。“智运快线”是人工智能的典型应用，基本不受气候、环境等限制，可随时装运发送，适用于随机性较高的农产品上行和消费品下行等多批次、高时效的运输需求，并可准确测定到达时间，为配送的精确化组织提供了条件。

3. 以畅通产业链为关键点

安远县城乡智慧物流发展模式由智慧园区、智运快线和数字商城组成，联通了乡村经济的供给侧和需求端，畅通了农村电商产业链条，这是该模式取得显著成效的关键。其中，数字商城在活跃农村经济、带动农村特色产业发展方面发挥了重要作用，提供了交易平台和流通渠道，创造、激发了农村地区的物流需求，是该模式的货源基础。智慧园区为大量的农村物流需求提供了高效的中转、存储、加工的场地，发挥了物流枢纽的作用。智运快线则是将农村地区线上购物、线上销售与线下消费实现高效串联的有效方式，特别是在“镇—村”的运输中，发挥着传统运输方式无法比拟的优势。三位一体的组合式发展模式，放大了各自优势，实现互为支撑、相互带动、共同发展，有效推进了农村电商产业链的完善与拓展。

规划先行，科技赋能，以“土地”为轴推动乡村振兴

——重庆市长寿区乡村振兴实践案例

背景导读

长寿区地处重庆腹心，幅员面积 1424 平方公里，下辖 7 个街道、12 个镇，常住人口 69 万人，城镇化率 68%。长寿城区位于重庆主城以东沿江下游，紧依两江新区，距江北国际机场和重庆火车北站 60 公里，万吨级船队常年可通江达海，渝怀、渝利、渝万铁路和渝宜、长涪、三环高速交织交汇，是全市水陆交通的重要枢纽。2021 年，长寿区实现地区生产总值 866.3 亿元，增长 9.7%，全区 10 个贫困村全部出列，6964 户 19649 人全部脱贫，具有良好的发展势头。

长寿区是重庆市乡村振兴先行示范区、城乡融合发展先行示范区。为巩固脱贫攻坚成果同乡村振兴相衔接，长寿区深入学习贯彻党中央关于乡村振兴的重要部署，围绕“产业兴旺、生态宜居、乡风文明、治理有效、生活富裕”的总要求，对本区乡村振兴进行了一系列卓有成效的顶层设计与路径探索。针对乡村振兴稳步发展的基础不牢、机

制不全和“内功不强”等问题，长寿区找准症结，精准发力，着力破解乡村振兴用地难题，探索农村公共服务与民主管理的融合机制，并坚持科技赋能，为乡村振兴提供“加速度”，推动乡村振兴工作向更高质量更高水平迈进。

基本做法

一、着力破解乡村振兴用地难题

党的十九大以来，长寿区牢牢坚持农业农村优先发展总方针，着力破解“农村的地自己用不上、用不好”的困局，撬动了乡村振兴综合试验示范。

（一）找准乡村发展用地“痛点”

*痛点之一：乡村专项规划多。*长寿撤县设区以来，结合“三地一中心”（新型工业高地、现代农业基地、休闲旅游胜地，商贸物流中心）发展思路，相继编制出台了城乡规划、土地利用规划、现代农业“三园”“五区”规划等，存在的问题主要是：专项规划较多，整体规划不足；规划融合度不够，相关指标控制要求不一致；规划深度不够，没有细化到村组、到产业、到地块，一些地方规划和实施存在“两张皮”现象。

*痛点之二：建设用地落地难。*农业项目建设用地需求呈点多、面广、量大、分散的情况，供给难以有效满足。一是大多数村庄“除了塆子就是基本农田”，建设用地指标难落地；二是涉及占用农用地的建设项目需经市政府审批转用，但农业项目建设用地普遍规模小，多未

经可研、立项、规划等环节，不具备报批条件；三是国有建设用地的招拍挂价格通常每亩达40万～60万元，集体建设用地转用成本每亩也高达6万元，单个经营主体在缺乏相关扶持政策支持的情况下难以走通用地环节，更无力承担用地成本。

痛点之三：审批程序不切合乡村实际。现有建设审批程序以城市建设开发为模板，用在农业项目上水土不服。一方面，建设用地审批通常要经过可研、立项、勘察、预审、初审、批复等流程，专业性要求较高，且一般需要3个月左右时间，而农业项目季节性、周期性强，待到批复之时往往错过了最佳生产季节，加之农业经营主体普遍缺乏企业化的经营理念和专业化的经营团队，常因嫌审批烦琐而未批先建留下隐患。另一方面，对农业项目，特别是财政补助类项目管理不够精细，主管部门审批时对金额小于30万元的项目在设计、概算评审、预算评审等方面的要求不高，加之小型农业建设项目用地需求小，分布广且较为分散，监管难度大，导致存在用地未批先建的现象。

（二）"痛点"变"支点"，撬动乡村振兴综合试验示范

长寿区以推进"地"的优化配置为切入点和突破口，在严守乡村用地红线的基础上，探索构建城乡要素优化配置的体制机制和政策体系，实现用地"痛点"变"支点"，有序撬动乡村振兴试验示范建设。

第一，率先实现"多规合一"，夯实农业建设用地基础。长寿区按照"多规合一"的工作思路，以空间布局、土地利用为重点，统筹区、镇、村三级规划，率先完成乡村振兴试验示范村的新型村规划编制工作，落实了长寿慢城、平伟农业等22个重点乡村振兴项目用地布局，并将编制成果统筹纳入土地规划进行调整完善。跳出就规划而规划的传统思维，全面分析各村的自然资源禀赋和发展基础，将全区221个

行政村划分为集聚提升、城郊融合、特色保护、搬迁撤并四类，对空间功能和发展方向提出指引。

第二，用好用活“政策红包”，满足乡村振兴用地需求。作为全市乡村振兴综合试验示范区，市委、市政府向长寿区下达了每年500亩建设用地指标。为切实用好用活“政策红包”，长寿区制发了《关于乡村振兴战略行动计划项目用地的实施意见（试行）》，从用地原则、规划布局、点状征地供应、配套措施等方面全方位引导乡村振兴项目合法用地。区委乡村振兴办召开专题会议，研究审定乡村振兴重点项目用地需求和指标分配，全面落实落细专项用地指标。经过申报审批，市政府已经分6个批次下达了510.98亩建设用地批复，涉及17个村的19个乡村振兴重点项目，其中征转一体批准为国有建设用地的涉及6个项目、362.02亩，只转不征批准为集体建设用地的涉及13个项目、148.96亩，这是目前为止市级批复项目最多、面积最大、类型最全的建设用地指标，为全市提供了破解乡村振兴用地瓶颈的“长寿经验”。

第三，有序推进“点状供地”，吸引社会资本投入乡村。针对农业建设项目点状分布的特点，长寿区对乡村振兴重点项目建设用地确需转征为国有建设用地的，在符合规划和用地红线的前提下，可按照占地面积、建筑半间距以及必要的环境用地进行点状规划、点状报批、点状征迁、点状供地，优先使用增减挂钩结余指标予以解决；对涉及公益项目的国有建设用地采取划拨方式供应，对涉及商业经营的国有建设用地采取“招拍挂”方式出让，切实提升社会资本投入乡村振兴建设的信心。同时，搭建专项用地服务平台，对零散的乡村振兴建设项目用地统一打捆报批并垫付前期征地相关费用。目前长寿区已在全市范围内率先完成了乡村振兴重点项目共 4.15 公顷的点状用地批复，吸引龙头企业近 20 亿元资金投入乡村振兴建设。

第四，创新实施“钱地挂钩”，降低经营主体用地成本。长寿区将财政资金扶持和专项用地保障相结合，出台《长寿区乡村振兴综合试验示范专项资金管理办法（试行）》和《乡村振兴重大项目认证管理办法（试行）》，以市级专项资金 3000 万元为依托，整合各级财政资金设立 1.45 亿元的乡村振兴综合试验示范专项资金，对示范村基础建设项目和全区乡村振兴重大项目进行扶持。乡村振兴重大项目使用集体建设用地的，农用地转用等相关成本费用由产业用地扶持资金全额补助；通过“招拍挂”取得国有建设用地的，征地成本在每亩 30 万元（含 30 万元）以上的按土地成交价格的 50% 补助，征地成本在每亩 30 万元以下的每亩按土地成交价格扣除 15 万元后全额补助。截至目前，已建立乡村振兴重大项目库，下达用地招拍挂补助 1200 万元，有效降低了经营主体的用地成本。

第五，积极盘活“存量用地”，有效利用集体闲置资产。长寿区结合全区第三次土地调查，以村为单位对已闲置的学校、水利设施、砖瓦窑、预制场等集体建设用地进行全面清理，目前该项工作已全面铺开，并率先完成了 4 个市级乡村振兴试验示范村闲置集体资产的清理和确权办证工作。长寿区洪湖镇称沱村结合“三变”改革试点，率先搭建了集体资产管理运营平台，在全面清理集体闲置资产的基础上，积极引导村集体与工商资本合股联营，村集体入股的资产和资金采取保底分红的方式参与利润分配，每年可以得到 35 万元左右的分红收益，每户每年实现收入 2500 元以上。

二、创新“三大机制”，变农村“公共事”为农民“自家事”

近年来，长寿区创新“基数加因素”“村民议事会”“三级联动制”机制，通过设立村级公共服务和社会管理专项资金，探索实施农村公共服务与民主管理融合机制，下放专项资金管理权、使用权和监督权交到村民手中，变农村“公共事”为农民“自家事”，取得农民满意、干群和谐、农村繁荣的良好效果。长寿区的经验做法已入选全国首批18个农村公共服务典型案例。

（一）“基数加因素”投入让群众真正感到基本公共服务均等化

2011年，长寿区在全市率先实施村级公共服务和社会管理改革试点，把村级公共服务经费纳入财政预算，按村户籍人口、村域面积等因素确定各村专项资金额度（每村基数5万元，户籍人口3000人以上的增加1万元，村域面积5平方公里以上的增加1万元，位于山区的增加2万元）。

2013年，又新增加建设规划占地面积和新增加的村按每村5万元包干补助2个指标，构建起“1+2+N”村级公共服务和社会管理项目专项资金投入的基本框架，即1个基数、2个主要因素和N个动态调整因素。

2016年以来，在“基数加因素”引导下，统筹资金投入村级公共服务和社会管理项目5745万元，实施村级公共服务项目863个，惠及225个村居49.8万人，改变了过去政府只抓大不管小的局面，为村民民主决策民生急需项目提供了稳定的资金来源和保障，实现村民民主决策实施的小型项目与政府主导实施的大型项目有效互补，进一步提高农村基础设施和公共服务水平，促进城乡基本公共服务均等化。

（二）“村民议事会”让村民在经费使用上真正“说了算”

长寿区探索建立“村民民主议事小组”，通过“村民议事会”的形式收集意见，实施民主评定、全面公示、项目审定、执行监督，有力促进专项资金投入与基层民主管理的良性互动。“村民民主议事小组”从村民代表中产生，其中村支“两委”成员占比不超过10%，致富能手、贫困户等都有资格进入议事小组成为“议事员”，负责收集村民对项目实施和资金安排的意见，选出项目实施的先后次序，并监督项目进展和资金使用情况。

项目专项资金由村支部、村委会、议事会三方协商，公示并征求村民意见和建议，最终由议事会讨论审定进入实施阶段。村民可以自主决定专项资金使用范围，自主监督专项资金使用过程，只需村里开会讨论通过，马上就能实施，做到项目公开、过程公开和资金公开，让专项资金的每一分都花得明明白白。

“村民议事会”制度使事前决策、事中监督和事后评议都“让群众说了算”。项目决策和实施全过程，村民不再是被动的“旁观者”，而是成为公共服务和社会管理的“决策者”，实现了“群众说、干部做，民主监督、群众满意”。

（三）三级联动机制让“群众说了算”的事真正办成

成立由民政部门牵头，组织、财政、农业农村等部门各负其责，镇街主抓落实的工作推进小组，构建区、镇街、村三级联动保障机制。区级部门负责统筹协调和业务指导，镇街发挥主体作用，村组负责项目实施，实现重心下移、权限下放，分工协作、各司其职。

村级公共服务和社会管理项目的资金在事前决策、事中监督和事后评议三个环节都是“群众说了算”。项目从确定、规划、实施到验收，村民全程参与，村组干部只负责具体执行并接受村民监督。项目实施中，具体决策过程由村民议、集体定，政府只负责资金拨付和核算指导，改变了“干部说、群众听，民意不畅、群众不满”的恶性循环，解决了“群众想做无钱做，政府做了群众不买账”的两难问题。村民们把有限的专项资金节省着用，主动出工出力，相同的钱比以前办了更多的事。

项目实施过程中，各村普遍建立了村级公共服务和社会管理议事规则、议事会发言规则、议事会表决规则等，所实施的每一个项目都从群众中来，由群众监督，实施效果由群众评议，让村民真正成为公共服务和社会管理的主人。

项目实施结束后，先由村级自查验收，然后申请镇街验收，合格后再申请区级按每个村项目的 20% ~ 30% 覆盖面进行抽查，对发现的问题要求及时整改和纠正，确保项目顺利实施和发挥财政资金应有效益。

区、街镇、村三级上下联动、分工协作、各司其职，积极发挥各自作用和优势，共同为群众服务，赢得了群众的好评和称赞，干群关系也得到进一步改善，在各村评议中群众满意度超过了 95%，群众满意度越来越高，党委政府在村民心目中的威信越来越高。

三、“四轮驱动”激活创新引擎，以科技支撑赋能乡村振兴加速度

长寿区积极发挥科技第一生产力、创新第一动力的重要作用，实

行创新驱动乡村振兴发展，强化科技支撑赋能乡村振兴综合试验示范区高质量发展，加快实现现代智慧农业在适农区域全覆盖。

（一）以建设“研发平台”为切入点，搭建创新驱动发展载体

第一，园区引领搭建创新平台。通过搭建现代农业园区平台优化城乡资源要素配置，构建全方位立体化农业科技研发平台。园区内建成标准化晚熟柑橘基地 4.75 万亩、长寿柚基地 7.5 万亩，实现主导产业产值 31.5 亿元，承担实施市级、区级农业科技项目 72 个，园区被评为国家级农业产业化示范基地、农业科技创新与集成示范基地及农业科技园区和市级重点现代农业产业园。

第二，校地合作提升研发能力。与国内 10 余家科研院所建立合作关系，深入开展校地合作。与西南大学合作建立乡村振兴战略研究机构，分类组建 6 支农业专家团队，围绕“五个振兴”提供乡村振兴战略课题研究成果，专题培训 200 人次、实习实训 50 人次，建立农业新技术、新品种、新机具“三新”成果转化示范基地。

第三，培育载体促进成果转化。研究出台创新驱动发展战略专项扶持办法，设立区级创新驱动发展战略专项资金，采取“后补助、间

农业科技园区（晚熟柑橘）核心区

接补、多维评价决策补”扶持方式，鼓励和引导中小企业加强技术改造与升级，调整优化产业和产品结构。积极协调落实高新技术企业所得税减免、科技型中小企业研发费用加计扣除等优惠政策，培育农业科技型企业30余家，OTC成功挂牌农业企业6家，大力培育农业科技成果转化载体。

（二）以推进“农业三化”为着力点，提高创新驱动供给能力

第一，加快农业全程机械化。以土地宜机化整片整治提高科技装备应用为重点，以适宜山地农业的先进农机和机械化技术为抓手，大力推进主要农作物全程机械化试验示范项目，累计建成高标准农田21.5万亩，完成机耕面积108万亩，机插秧面积15.1万亩，机收面积29.37万亩，农作物耕种收综合机械化水平从48.62%提高到50.75%。

第二，推进农业生产绿色化。在全市率先引进水肥药一体化微喷系统，培育科学施肥社会化服务组织2家，测土配方工厂2家，建成标准化测土配方施肥经销服务网点4个，水肥一体化面积1.2万亩，化肥、农药连续三年保持“双减量”。着力培育农业绿色品牌，成功发布“自然长寿”农产品区域公用品牌，累计获评市级名牌农产品36个，有效期内“三品一标”总数达425个，新增数量居全市第一。

第三，促进农业产业循环化。按照“以种定养、种养结合”原则，合理划定畜禽养殖“三区”和渔业养殖“三区”，明确各街镇养殖规模发展上限，确保环境可承载、发展可持续。采取“企业小循环、园区中循环、产业大循环”发展模式，大力推进“猪—沼—果”、稻鱼同田、鱼菜共生等种养循环发展，着力推进畜禽养殖废弃物资源化利用，规模养殖场畜禽粪污处理设施覆盖率达95%以上。

（三）以培育“能人队伍”为关键点，壮大创新驱动人才队伍

第一，多措并举培育“生力军”。引进乡村发展紧缺人才 173 名，择优选聘驻村第一书记 54 名，开展农业技能和农村实用技术培训 10603 人次，培育新型职业农民 3059 人。选派科技特派员 28 名开展下乡活动，发放农业技术资料 8000 余份，指导农户 3250 余户。

第二，精准施策回引“金凤凰”。搭建创业孵化、产业发展、就业服务三大平台，培育市级返乡创业园、农业龙头企业、家庭农场等 1400 余家。实施“雁归”计划，开展“送政策、送岗位、进村户”专项招聘活动 10 场次，成功回引 1.5 万名农村劳动力返乡就业。打造创业就业示范村 3 个、就业扶贫车间 2 个，培育市级返乡创业园 1 个、创业孵化基地 1 个。

第三，构建人才成长“生态链”。加强政治引领，制定农村党组织整体优化提升 22 条措施，建立村干部“正面奖励 + 负面清单”机制，调整配强 14 名“不齐不强”村党组织书记。修改完善人才引进、培养、激励办法，率先推行阳光面试和社会考官评分机制，定向培养人员 64 名，精选 23 名区级部门优秀年轻干部到脱贫村担任第一书记。

（四）以推进“智慧农业”为落脚点，赋能创新驱动高新产业

第一，加快发展智慧农业。全面启动智慧农庄建设，依托园区主导产业形成的生态环境和长寿湖生态景观，规划建设由 50 个智慧农庄组成的智慧农庄养生基地，配套建设好基地所需的基础设施和信息网络设施设备，引导园区企业、社会资本投资建设“智能化控制、安全可溯源、种养微循环”智慧农庄，打造“生态休闲、科技体验、养老养生”乡村游。

第二，加快推进数字农业。启动农业灾害预警系统和农产品质量

安全追溯体系建设，集成农业生产环境监测、病虫鼠害监测预警、气象预警、灾害预警等关键技术，指导科技型龙头企业建立完善生产档案和溯源监管系统，研发和制作合适的识别成品和读写成品，在生产、加工、检验、包装、运输等环节进行产品识别跟踪监管，全面实现农产品全过程质量追溯和监管。

第三，加快促进产业融合。加快云计算、大数据分析、智能 App、“互联网 +”农业等智能化手段在乡村旅游、休闲农业等方面的应用，以数据分析定项目定产业定位置，建立“粮经饲统筹、产加销一体、农旅文协同、大数据支撑”融合发展模式，实现农产品加工业年产值 186 亿元，乡村年游客量突破 300 万人次，本土农特产品线上年销售额突破亿元。

专家点评

重庆市长寿区作为乡村振兴先行示范区、城乡融合发展先行示范区，通过找准制约乡村振兴的难点、痛点，破解乡村振兴用地难题，探索乡村治理有效机制，科技赋能乡村振兴等实践探索，加速乡村振兴建设步伐。

1. 坚持规划先行，为乡村振兴提供顶层设计

长寿村在推进乡村振兴过程中，始终坚持规划线性、政策护航，在全市率先出台《乡村振兴行动计划实施方案》，确立组织振兴、产业振兴、生态振兴、文化振兴和人才振兴等“五个振兴”策略。针对乡村专项规划多而不精的问题，长寿村率先实现“多规合一”，出台《关于乡村振兴战略行动计划项目用地的实施意见》，有效解决了以往规划

深度不够、细化不足、规划实施“两张皮”的问题。加强顶层设计为长寿村乡村振兴提供了系统性、整体性的思路，帮助其有计划、有重点、有步骤地开展乡村振兴各方面工作。

2. 坚持问题导向，着力破解制约乡村振兴的土地难题

长寿村坚持问题导向，紧紧围绕制约当地乡村振兴的重点、难点、痛点难题展开工作，取得了实效。土地是乡村最为重要的生产、生活资料，长寿村在土地方面存在两类突出问题：一是农业项目建设用地供给不足、用地成本高；二是建设用地审批流程难以适应农业项目的强季节性和周期性。找准问题后，长寿区精准施策，通过争取用地指标、出台农村建设用地规范、设立乡村振兴综合试验示范专项资金等方式，妥善解决土地问题，为乡村振兴提供坚实基础。

3. 坚持科技赋能，助力乡村振兴加速发展

长寿区大力实施乡村振兴战略行动计划，重点聚焦搭建创新驱动发展载体、提高创新驱动供给能力、培育创新驱动人才队伍和壮大创新驱动高新产业等方面精准发力，为乡村振兴赋以“智慧之力”“科技之能”。通过探索建设智慧农庄，利用数字技术加速农业一二三产相融合，为乡村振兴综合试验示范区高质量发展提供支撑。

以蔬菜产业为抓手，推动乡村产业振兴

——贵州省毕节市威宁自治县推动乡村振兴实践案例

背景导读

威宁彝族回族苗族自治县（简称威宁自治县）是贵州西大门，总面积6298平方公里，辖41个乡镇（街道）、619个村（社区），平均海拔2200米。2021年上半年全县总人口1596052人，其中少数民族382518人，占总人口的23.97%，居住着彝族、回族、苗族等19个民族，是贵州省面积最大、海拔最高、人口众多的县，后发优势明显、发展潜力巨大。

威宁自治县享有独特的地势与气候环境，中部开阔平缓，四周低矮，峰壑交错，江河奔流，是“四江之源”；属亚热带季风性湿润气候，年日照时数1812小时，无霜期180天，年降雨量926毫米，年温差小，日温差大，冬暖夏凉，夏季平均气温18度。县域物产、矿产资源种类繁多，拥有耕地332.5万亩、林地242.6万亩，成片草场和草山草坡320万亩，与低纬度、高海拔、强日照、大温差的区域性气候一道营造了著名的南方“马铃薯之乡”“中药材之乡”“畜牧之乡”“冷凉蔬菜之乡”“苦荞之乡”；富有煤、铁、铅、锌、铜、金、银等30余种矿产资源，且绿色能源开发前景好，光能资源和风能资源为贵州之冠，是“阳光城”。威宁自治县旅游资源丰富，草海被誉为“高原明珠”，是贵州省最大的天然淡水湖泊和最完整典型的高原湿地生态系统，贵州唯一、全国罕见。

实施乡村振兴战略是党的十九大作出的重大决策部署，“产业兴旺、生态宜居、乡风文明、治理有效、生活富裕”是乡村振兴战略的总要求。威宁自治县坚持把推进巩固拓展脱贫攻坚成果同乡村振兴有效衔接作为高质量跨越式发展的基础工程，确立产业振兴、人才振兴、文化振兴、生态振兴和组织振兴等五大振兴目标，将“乡村振兴战略”写入县政府工作报告、召开县委农村工作会议研究部署，并印发《中共威宁自治县委、威宁自治县人民政府关于乡村振兴战略的实施意见》《威宁自治县农村人居环境整治行动实施方案》，全面贯彻落实乡村振兴战略。目前，威宁自治县已被贵州省推荐申报国家乡村振兴重点帮扶县，正在打造深度贫困地区巩固拓展脱贫攻坚成果同乡村振兴有效衔接的示范地，力争走出一条具有威宁特色的乡村振兴之路。

基本做法

威宁自治县坚持以农业增效、农民增收为中心，以调整和优化农业产业结构为主线，以调减低效作物，发展短、平、快的蔬菜产业为抓手，以巩固脱贫攻坚成果为目标，突出做大做强本县蔬菜产业，使之成为推进乡村产业振兴的主导力量。威宁自治县先后出台《威宁自治县蔬菜产业发展奖励扶持办法（试行）》《威宁自治县蔬菜产业提速转型发展的实施意见（2020—2022）》《威宁自治县40万亩蔬菜产业发展实施方案》《威宁自治县2020年7万亩蔬菜产业易地扶贫基地建设实施方案》等文件，把“五步工作法”和农村产业革命“八要素”贯穿始终，大力推进40万亩蔬菜基地建设，为实施乡村振兴铸就坚实的产业支撑。截至2020年，威宁自治县以市场为导向，因地制宜规划布局40万亩蔬菜产业（其中：标准化示范基地20万亩，主要打造13万亩标准化基地和7万亩易地扶贫蔬菜基地；规模化基地20万亩，主要规划种植17万亩辣椒和3万亩芸豆）带动13.56万户56.7万人增收（其中：贫困户4.69万户19.7万人）。

一、推进区域化布局

坚持因地制宜的原则，建设20万亩标准化蔬菜基地，主要布局在10个万亩区和20个五千亩片区，其中7万亩易地扶贫蔬菜基地分布在海边街道、五里岗街道、陕桥街道、草海镇、双龙镇、小海镇、观风海镇7个乡镇（街道）。20万亩规模化蔬菜基地主要布局在坝区周围适宜种植辣椒、芸豆、南瓜、茄子、西葫芦等果类蔬菜的区域。

二、推进规模化实施

20万亩标准化蔬菜基地（包含7万亩易地扶贫蔬菜基地）的种植品种根据龙头企业提供需求进行订单种植，主要有以花菜为主的花菜类蔬菜，以娃娃菜、包菜、菜苔、豌豆苗、香菜等为主的叶菜类蔬菜，以白葱为主的葱蒜类蔬菜，以莴笋为主的茎菜类蔬菜和以生姜为主的根茎类蔬菜。20万亩规模化蔬菜基地以辣椒、白芸豆为主，引进贵州万盛源农业科技发展有限公司、贵州新耕道农业科技发展有限公司、威宁县文靖豆类有限公司、金沙金三元农业科技有限公司等优强企业承接建设。主要经营模式呈现由经营主体提供所需种子种苗物资及技术指导，乡镇（街道）发动群众与公司签订种植协议并自主种植，产品采收后经营主体扣回种子种苗费用并保底回收的特点。截至目前，全县蔬菜累计完成种植45.93万亩，其中白菜4.57万亩、萝卜3万亩、结球甘蓝5.18万亩、花菜1.2万亩、莴笋0.47万亩、香葱1.3万亩、佛手瓜0.7万亩、小瓜0.41万亩、荷兰豆0.63万亩、芥菜0.53万亩、豌豆尖0.4万亩、辣椒17.08万亩、芸豆3.5万亩、南瓜4.76万亩，其他蔬菜2.2万亩。

威宁蔬菜育苗中心一角

目前，威宁自治县正在多举措提升蔬菜规模化种植效率与品质，将工作重点放在加快第二茬种子采购、育苗进度方面，积极加强与龙头企业的无缝对接。时令蔬菜专班将经营主体育苗及种子采购需求以书面形式提供给集团企业，再由集团根据农户需求加快落实种植采购及育苗工作。同时，督促乡镇（街道）及经营加快第一茬未完成部分地块种植进度，督促经营主体加强田间管理，使用标准地膜，指导经营主体选择种植抗根肿病、适宜威宁气候的蔬菜品种。

三、推进蔬菜市场建设

第一，加快建设并监管维护好现代农业物流园项目。现代农业产业园项目位于五里岗街道，总占地面积约 1500 亩，投资金额约 25 亿元，一期规划用地 333000 平方米，总建筑面积 191500 平方米。其中：交易区建筑面积 44000 平方米，高温冷藏库建筑面积 88000 平方米，行政服务区建筑面积 32000 平方米，生活区建筑面积 23000 平方米，配套区建筑面积 4500 平方米。该项目于 2019 年 11 月动工建设，目前项目一期的首开区 20000 平方米冷库建成，正在试运行。现代农业物流园项目将助力威宁自治县蔬菜种植产业发展，协同共计 25 万亩（全年三季）的大规模订单农业产业链，形成订单、收购、加工、分拣、集散、交易于一体的农业产业化发展局面，有望建设成为贵州威宁乃至西南地区的农副产品交易中心、农业农资种苗交易中心、信息中心、物流中心。

第二，拓展国内外销售市场。在当前已拓展国内外销售市场的基础上，继续拓展国内外销售市场。在国外市场方面，威宁自治县已拥有较为稳定的越南、泰国等东南亚地区，迪拜等中东地区销售渠道，并通过加强冷链项目保障，继续拓展韩国、日本、欧洲等国家销售市场。其中，亚洲等国家主要以泡菜加工为主，欧洲等国家可以通过大型商超建立出口联系，拓展合作业务。在国内市场方面，一方面威宁自治县重视做好省内市场销售工作，满足省内蔬菜需求。主要采取基地地头销售模式，注重提升基地务工工人采摘及包装技术，提高基地地头采摘装车效率。同时，在节省运输成本上下功夫，减少销售环节，保证产品品质，稳固省内销售市场和散户客户群体。另一方面，威宁自治县也积极拓展省外市场，做好省外市场销售工作。关键在于做好冷链保障工作，包括制冷技术控制、打包装车质量把关、装卸车质量监督、冰瓶包装袋等配套产品配备等一系列产品外销保障工作。稳定抓住四川、云南、湖南、重庆、上海、北京等地销售工作，重点打造粤港澳大湾区高质量产品销售体系，同时下大力气拓展新疆、山东等国内其他省份市场，不断提升威宁蔬菜在国内各大市场的占有率，不断提高产销对接质量和产品销售速度。

第三，稳定做好团餐配送工作。威宁自治县将团餐配送作为稳定蔬菜市场的重要抓手，做好省内、市内、县内团餐配送工作。一方面，保质保量及时做好省内相关地域、毕节市内、威宁县内机关食堂及营养餐配送工作，稳定配送渠道及配送质量，推动毕节市内吃毕节地区生产的蔬菜等工作，以高品质的蔬菜达到保供应、惠民生的目的。另一方面，坚持做好冷链、包装、配送等保障工作，同时及时规范做好相关款项回款等工作，确保团餐配送工作持续、高质量、规范运行。

第四，做好招商引资工作。威宁自治县大力引进具有专业实力的种植销售企业，加强与大集团的合作，推广订单种植、订单农业，因地制宜、精准施策，不断提升高端经济农产品种植率、商品率、销售率，做到种植技术有指导，销路提前有保障。

第五，做好推介会和品牌策划与宣传工作。威宁自治县以其独特的气候环境，重点开发了“威宁三白”（威宁大白菜、白萝卜、莲花白）等产品品牌，加大威宁农特产品品牌建设与推广力度，不断丰富高端经济农产品品牌内容，提高农产品附加值。除威宁生鲜品牌外，威宁自治县也在加快打造农特产品加工品品牌，形成威宁农特产品系列品牌并通过展会、推介会、新闻媒体、网络宣传等方式，多措并举，增强品牌宣传力度，推动威宁蔬菜走出去。

第六，做好威宁农特产品初级加工。农特产品加工是农业产业链条上的重要一环，是产业转型升级的关键。威宁自治县坚持做好萝卜丝等农特产品的初级加工工作，持续引进威宁“三白”等农特产品加工企业，深入洽谈合作，不仅化解了部分销售压力，同时也提升了农产品的销售附加值。

为进一步推进蔬菜销售，威宁自治县拟成立蔬菜产业协会，协会下组建 11 个销售联盟，分别为广东销售联盟、广西销售联盟、四川销售联盟、重庆销售联盟、福建销售联盟、湖南江西销售联盟、河南安徽销售联盟、北京河北销售联盟、上海销售联盟、云南及边贸销售联盟、省内销售联盟。每个联盟明确一个牵头负责人，根据各经销商的销售方向，邀请一批销售商分别加入 11 个销售联盟。每个联盟负责人统筹联盟内部销售商，推进蔬菜有序销售。同时，形成不同市场以不同蔬菜销售为主的销售格局，四川、重庆市场以“三白”和豌豆尖为主；云南及边贸市场以西蓝花、散花和荷兰豆为主；广东市场以“三白”、荷兰豆、豌豆尖和菜苔为主；广西市场以“三白”、芥菜、加工泡菜为主。在供求对接方面，威宁自治县工业和信息化局对接销售，实时关注各地农产品市场供求及价格变化，结合本地实际，每天给出蔬菜销售指导价；及时对市场波动情况进行分析预警，全力对接县外蔬菜采购客商，为经营主体提供多方面销售信息。

凭借以上多种促进蔬菜销售的措施，威宁蔬菜的销路得以迅速拓展。以2020年第二茬蔬菜为例，到当年7月底，已累计销售17.56万吨，销售金额3.79亿元。其中7万亩易地扶贫蔬菜基地累计销售蔬菜12010.02吨（白菜含青麻叶和娃娃菜1492.53吨、萝卜3401.31吨、莲花白2177.77吨、香葱3235.42吨、荷兰豆515.29吨、西蓝花250.26吨、莴笋340.92吨、小瓜404.61吨、其他品种191.91吨），销售金额1401.77万元。这些蔬菜主要销往北京、广州、广西、深圳、佛山、郑州、成都、重庆、昆明、河南、昭通、海南、贵阳、安顺、六盘水、毕节、县内等市场。20万亩规模化基地辣椒累计销售1.7万吨，销售金额6234.86万元，主要销往昭通市、昆明市、毕节市、县内市场。

四、推进蔬菜保险参保

威宁自治县按照“政府引导、市场运作、自主自愿、协同推进”原则，创新性地建立了政府、新型农业经营主体（农户）、保险机构共同参与的风险分担机制，在全县范围内蔬菜种植实现了自然灾害保险全覆盖。同时，针对40万亩蔬菜（大白菜、白萝卜、甘蓝、花椰菜、菜心、莴笋等）开展政策性农产品价格指数保险试点工作，利用保险机制增强威宁蔬菜产业抵御市场风险的能力，以稳定生产规模，平衡供求关系，促进农民收入可持续稳步增长，为促进脱贫攻坚成果同乡村振兴有效衔接提供制度支撑与保障。目前，威宁自治县蔬菜已签订种植险40.23万亩，价格指数险0.9031万亩，未来需进一步加快保险赔付进度，加强与保险公司接洽对接，做到应保尽保，加快赔付进度，切实发挥蔬菜保险的风险规避与安全保障作用。

专家点评

威宁自治县是贵州省面积最大的县，也是传统农业大县，发展高原现代农业是威宁实现乡村振兴战略的重要途径。近年来，威宁自治县在促进脱贫攻坚成果同乡村振兴相衔接的过程中，结合本地气候条件与自然资源，利用当地高海拔优势，以蔬菜产业为抓手，力争走出一条具有威宁特色的农业现代化发展之路，朝着打造蔬菜强县的目标不断进发。蔬菜产业已成为威宁自治县实现乡村振兴战略目标的新引擎，也成为群众增收致富的支柱产业。从威宁自治县的实践中可总结以下三点经验。

1. 做好合作的文章，积极探索多主体有效合作模式

在农业现代化的推进过程中，建立高效可持续的农户与企业、产品与市场的对接与合作机制是必不可少的一环。威宁蔬菜产业坚持规模化、标准化、市场化、品牌化的发展方向，专注于品种优化、品质提升、品牌打造，充分发挥龙头企业、经营主体、乡镇合作社与农户的积极性，主动探索出“龙头企业 + 合作社 + 基地 + 群众”和“经营主体 + 技术人员 + 合作社 + 群众”等多主体有效合作模式。龙头企业提供订单和种植需求，优强企业承接蔬菜基地建设。在经营过程中，进一步形成了经营主体提供种子种苗物资与技术指导，乡镇（街道）发动群众与公司签订种植协议，农户自主种植，产品采收后经营主体扣回种子种苗费用并保底回收的合作发展模式，既保证了蔬菜销路，又

提高了蔬菜品质。

2. 做好市场的文章，多举措开拓蔬菜销路

蔬菜有序种植之后，最关键的问题就是保证蔬菜市场需求的稳定增长，威宁自治县近年来积极开辟蔬菜市场，极大拓展了农产品销路。以农业产业园为基础，依托现代农业物流园项目建设农副产品交易中心、信息中心与物流中心，形成集约化、产业化的发展模式，集订单、收购、加工、分拣、集散、交易于一体，提高了农产品种植与销售效率。以农特产品初级加工为延伸，提高农产品附加值，引进实力种植销售企业，促使种植率、商品率、销售率不断提升。以国内市场为依托，积极拓展海外蔬菜市场，促进本地农产品走出贵州、走向全国、走向世界。以企事业单位团餐配送为抓手，稳定蔬菜销路，与毕节市内、威宁县内等机关食堂建立团餐配送长期合作机制。以品牌建设为重点，着力打造“威宁三白”农产品品牌，提升农产品质量、提高品牌价值、丰富品牌内涵。以上举措极大地提升了威宁蔬菜产业的市场销售能力，稳固了威宁蔬菜品牌形象，拓展了海内外市场，在缓解销售压力的同时提升了农产品附加值，使农业现代化迈出了坚实步伐。

3. 做好基础设施的文章，推进蔬菜产业规模化

威宁自治县通过区域化布局和规模化生产，充分发挥集聚效应，形成 20 万亩大规模标准化蔬菜基地，品类丰富，涵盖了花菜类、叶菜类、葱蒜类、茎菜类、根茎类等蔬菜品种。在这一过程中，良好的基础设施建设发挥了至关重要的作用，机耕道、生产便道、水利灌溉、电网等基础设施的完善，配套集约化育苗、山地农机、预冷、烘干等设施设备的引进，以及冷链物流中心、育苗中心、现代农业物流园、

果蔬烘干厂、蔬菜产业大数据平台等蔬菜采后加工配套设施的建设均为规模化的蔬菜生产提供了坚实的基础。威宁自治县计划继续加强基础设施建设，启动需新增产业路建设，对产业水工程进行全面清查，对无法供水及喷滴灌不能正常使用的工程进行全面整改等，基础设施的持续改善将为威宁蔬菜产业的规模化发展提供动力支撑。

着力破解产业“四难” 建设现代农业园区

——四川省南充市南部县发展特色产业实践案例

背景导读

四川省南充市南部县位于四川盆地北部、嘉陵江中游，幅员面积2229平方公里，总人口133万人，辖42个乡镇（街道）、1个省级经济开发区、491个村（社区），是全国脱贫攻坚先进集体、四川省县域经济发展强县、四川省乡村振兴先进县和成渝地区双城经济圈建设县域集成改革试点县。2020年，全县地区生产总值420.2亿元，农林牧渔业总产值118.3亿元，农村居民人均可支配收入18083元。

党的十八大以来，特别是精准扶贫以来，南部县遵照习近平总书记“发展产业是实现脱贫的根本之策。要因地制宜，把培育产业作为推动脱贫攻坚的根本出路”的重要指示精神，从2016年开始，立足地处北纬31°、属亚热带季风气候区、地貌以丘陵为主、土壤pH值6.0~8.5、昼夜温差大、早春回暖慢等独特的地理地形、气候和土壤优势，结合农户种植习惯和已建晚熟柑橘的规模效应，经过反复调研、科学论证，确定晚熟柑橘作为全县主导产业，建设“中国晚熟柑橘之乡”，按照“以点扩面、串点成线、连线成片、整体推进”发展思路，通过引进业主自建、县农投公司统建、股份合作联建等方式，大力发展晚熟柑橘产业，健全群众致富增收的长效支撑。

截至2019年底，全县建成“盘龙至八尔湖”“定水至升钟湖”“火峰山至长坪山”三大产业示范线，栽植晚熟柑橘达25万亩，覆盖18个乡镇85个村，为巩固拓展脱贫攻坚成果同乡村振兴有效衔接奠定坚实的产业基础。

基本做法

一、智慧管理，破解园区“管护难”问题

在产业发展进程中，各产业园业主在园区管护上呈现良莠不齐的现状。有的是村“两委”或村合作社代管，管理简单粗放，传统集体耕作模式明显；有的是小业主承包，缺资金、缺技术，传统小农模式明显；有的虽是公司化管理，但雇工模式占据主体主导，在现代农业发展方面明显滞后，现代化管理水平亟待提高。

为解决园区灌溉用水短缺、生产成本偏高、品质标准不一的问题，2018年，南部县公开招引了新疆天业节水集团，建成水肥一体化智慧灌面6.3万亩。

（一）智慧监测

分田间、地块、不同海拔高度等情况建立气象、土壤墒情、虫情等监测点，对气象、水源水量、土壤含水量、酸碱值、微量元素含量等实时监测、在线反馈、全程记录，形成大数据库，为科学决策管理

提供数据支撑。

（二）智慧决策

大数据库将数据反馈到智慧管理平台，智慧管理平台对收集的数据进行科学分析、精准配方，哪片园子该供水、供多少，哪片园子该供肥、供什么肥、供多少，一目了然。

（三）智慧灌溉

园区业主根据智慧管理平台提供的配方，仅需手机 App 在线下单、一键支付，就可以精准配水配肥、精准灌溉，既节约了生产成本，又提升了果品品质和园区效益。

水肥一体化智慧系统每亩投入建设成本 2400 元，年均可收益 400 元左右，预计 6 年收回建设成本。与业主签订的服务协议一般在 20 年以上，收回成本后，还有十几年的收益空间。与此同时，产业生产实现了“三减两增”。“三减”：减少用水，每亩每年用水量减少 110 方、节约成本 80 元；减少用肥，化肥用量降低 40%，亩均节约成本 160 元（还可以减少面源污染）；减少劳力，智慧管护每亩只需劳务费用 480 元，减少 320 元。两增：即增产和增收。增产：果树能提前 1 年挂果（每亩产果 600 斤，增收 2400 元），到了盛产期，亩产增加 10% 以上，达到 3300 斤，亩均增收 1200 元；增收：甜度增加 2 度左右，优果率增加 20% 以上，市场销售价格每斤高出 0.5 元以上，可增收 330 元。综合对比，使用水肥一体化后，每亩可节约成本 560 元、增收 1530 元。如东坝镇大乘庵村种植业主，在使用水肥一体化灌溉后，因果品极佳，2020 年成功入选全国两会供应商，每斤价格达到 10 元，最高卖到 15 元。

二、兜牢底线，破解风险“防控难”问题

由于受旱灾、风灾、水灾等自然灾害和动植物疫病以及市场行情波动的影响，面临着许多不可控风险，特别是柑橘大规模进入丰产期后，大批量集中上市的销售压力、仓储物流需求等尤为突出。

目前，全县有25万亩晚熟柑橘，2020年已投产8万亩、产果8万吨。到2025年全部进入盛产期后，产量将达37万吨。面对有可能出现的风险，主要从三个方面入手，着力解决风险“防控难”。

（一）拓宽销售渠道，防范果品滞销风险

组建晚熟柑橘行业协会，负责统一标准、品牌包装、对外营销，并对接南部18家驻外商会，建立营销网点，提高晚熟柑橘的知名度和美誉度。2020年通过全国站点订单销售4.5万吨、占61.23%，每斤价格在4到5元不等。引进农村淘宝，在全县建立1115个村级站点；培育本土电商10家，业主自发开通微店、网店1600余个，实现电商村村全覆盖。2020年通过电商线上销售2.4万吨、占30%，每斤价格5到10元不等。同时，还创新推出果树认养、入园采摘、东西部消费协作等销售方式多途径营销，提升了南部晚熟柑橘市场知名度和占有率。

（二）完善冷链物流，防范市场积压风险

配套建设1个县级冷链物流园、7处园区冷链物流中心、N个仓储点，初步形成了“1+7+N”仓储物流体系，全县总储存能力15万吨，基本形成产地分拣、包装、运输和仓储保鲜的初加工体系，可延长销售周期3个月，错峰上市增加农户收益，有效避免了柑橘集中上市，果贱伤农。

（三）建立三重保险，防范生产经营风险

一是果树保险：对因自然灾害、病虫害等造成果树死亡的，按损失树苗数量进行赔付，每亩保费为 55 元，其中农户自缴 11 元、占 20%，政府财政补贴 44 元、占 80%，每亩最高赔偿 1000 元，目前全县已投保 3 万亩，参保率 12%。二是果实保险：对因自然灾害、病虫害等造成果实掉落的，按掉落果实数量 ÷ 投保园区每亩平均果实数量进行赔付，每亩保费为 55 元，其中农户自缴 11 元、占 20%，政府财政补贴 44 元、占 80%，每亩最高赔偿 2000 元，目前全县已投保 7 万亩，参保率 28%。三是试点价格指数保险，每亩保费 180 元，财政补贴 50%，农户自缴 50%；约定产量每亩 3000 斤、保底价格 1.5 元 / 斤，保险公司按照约定产量的 90% 进行赔付；即使出现价格暴跌，每亩保底收入 4000 元，扣除生产成本 3000 元后，仍然有 1000 元的收益，有效解决了业主和群众的后顾之忧。

三、三园带农，破解群众“增收难”问题

农民能得到的收益主要还是土地流转金收入（400 ~ 500 元 / 年·亩），辅以园区就近就地务工收入。农户共享产业发展红利的方式不多，与农户的利益联结不够紧密，带动能力不强，利益联结机制亟待完善。

在推进产业园区建设过程中，着力完善联农带农机制，探索推行“三园带农”的模式增加农民收益。

（一）“创业园”模式

园区投产后，对有劳动力、有技术、有资金的农户，可以向园区业主承包一片果园，自付成本建立经营性增收的“创业园”。收益按照

业主和农户 6:4 分成，盛产期，农户每亩果园扣除生产成本 3500 元（生产成本 3000 元、土地租金 500 元）后，可收益 3400 元以上。目前“创业园”占到园区的 30%，入园创业 1200 余人，其中脱贫劳动力 109 人。

（二）“就业园”模式

对有劳动力、无技术、无资金的农户，优先保障进园务工就业。农户与园区业主签订劳务承包协议，一个劳动力可以管护 25 亩（采用天业节水技术，管护一亩柑橘，全年平均需要 6 个工日，产生劳务费用 480 元），一年的劳务收入可达 1.2 万元。如果亩产超过业主划定的产量，增产部分群众还可以分红 50%。目前，“就业园”占到了园区 65%，入园就业 6600 余人，其中脱贫劳动力 580 人。

（三）“托管园”模式

对无劳动力、无技术，又缺资金的农户，由业主帮助建设 1 亩“托管园”并负责经营管理，投产后“五五分成”，1 户每年可收益 6000 元左右，从而实现稳定增收。目前“托管园”占到了园区的 5%，吸纳脱贫人口 390 人。

通过“三园带农”模式，真正让农民与业主形成利益共同体，分享园区产业发展带来的增值红利。

四、粮经统筹，破解粮食“增产难”问题

在建设园区发展特色产业的同时，始终把粮食安全牢牢抓在手上，致力于特色产业与粮食生产协同发展，探索出晚熟柑橘产业 + 复种、套种、间种粮油作物等模式。

（一）果树套种粮食

坚持高矮间套、立体搭配的原则，错开果树的花期与成熟期，套种粮食 8 万亩，其中小麦 4 万亩、红薯 3 万亩、土豆 1 万亩。

（二）果树套种油料

利用幼龄果园行距较宽，挂果前期树冠较小的周期，套作扩种油料作物 7 万亩，其中花生 3 万亩、大豆 3 万亩、芝麻 1 万亩。

目前，在全县产业园区套种粮油作物生产 15 万亩，实现产业经济增收的同时，又守住了粮食安全这个底线。

专家点评

发展产业是摆脱贫困的根本之策。党的十八大以来，特别是精准扶贫以来，南部县遵照习近平总书记关于脱贫攻坚的重要论述及指示精神，从 2016 年开始，立足独特的地理地形、气候和土壤优势，结合农户种植习惯和已建晚熟柑橘的规模效应，建设“中国晚熟柑橘之乡”。按照“以点扩面、串点成线、连线成片、整体推进”的发展思路，通过引进业主自建、县农投公司统建、股份合作联建等方式，大力发展晚熟柑橘产业，健全群众致富增收的长效支撑，为巩固拓展脱贫攻坚成果同乡村振兴有效衔接奠定了坚实的产业基础。其主要特点可以归纳为两个方面：依托乡村数字经济发展智慧农业与建立现代农业经营体系。

1. 依托乡村数字经济发展智慧农业

智慧农业主要包括农业数据资源建设、农业生产数字化、农产品加工智能化、乡村特色产业数字化检测、农产品加工智能化、乡村特色产业数字化检测、农产品市场数字化检测和农产品质量安全追溯管理等内容。南部县通过公开招商引资，建成水肥一体化智慧灌面6.3万亩，从而实现了园区业主可以根据智慧管理平台提供的配方，仅需手机App在线下单、一键支付，就可以精准配水配肥、精准灌溉。智慧农业的推广应用，为当地农业提供精准化发展、可视化管理、智能化决策起到了支撑作用，既节约了生产成本，又提升了果品品质和园区效益。

2. 建立现代农业经营体系

实现农民持续增收是建立现代农业经营体系的根本目标。南部县在推进产业园区建设过程中，着力完善联农带农机制，壮大新型农业经营主体、发展新型农村集体经济，有效促进了小农户生产和现代农业发展有机衔接。南部县根据不同类型农户间劳动力、资金和技术方面的禀赋差异，探索“创业园”“就业园”“托管园”三种模式，使园区与当地农户形成了互惠共赢的产业共同体，带动小农户的专业化生产，提高小农户自我发展的能力。通过“三园带农”模式，力争让农民与业主共同分享园区产业发展带来的增值红利。

深化“互联网 + 共享经济”模式 推动脱贫攻坚与乡村振兴有效衔接

——四川省成都市新津区对口帮扶阿坝州小金县实践案例

背景导读

2017 年，按照四川省委、省政府安排，成都市新津区对口帮扶小金县以来，积极探索帮扶新路径，通过整合各类扶贫资金引入新产业、盘活在地低效资源培育新业态，把在天府农博园核心区张河村探索形成的“互联网 + 共享经济”模式复制到小金，助推小金于 2019 年实现整县脱贫摘帽。

脱贫攻坚任务完成后，新津持续迭代升级“互联网 + 共享经济”模式，围绕资本赋能、数字赋能、人才赋能，积极探索从脱贫攻坚到乡村振兴有效衔接的新津 · 小金模式。

基本做法

一、新津试验，“共享农庄”成为乡村产业新引擎

乡村振兴，产业兴旺是重点，关键在聚焦农商文旅体科教融合发展，构建乡村产业体系，推动乡村生活富裕。自 2018 年 6 月四川省委决定在新津创办中国天府农博园以来，新津大力发展以乡村为场景的新经济产业，通过“新乡村 +”引领，探索形成“互联网 + 共享农庄”激活“空心村”新模式。

（一）植入“三途一斯”发展新方案

依托农博园核心区张河村旁边一块沉睡了多年的集体建设用地，引进装配式建筑供应商途远、乡村旅游民宿运营平台途家、乡村产品线上销售平台途礼以及线下酒店管理运营商斯维登，探索发展以“互联网 + 特色农业 + 乡村民宿”为特征的城乡融合发展新业态、新模式，形成完整商业闭环，有效解决了传统乡村旅游中品牌意识缺失、产品运营不规范、客群导入不充分、在地农旅产品滞销等问题，成为乡村旅游迭代升级的加速器。

（二）构建“三位一体”链接新机制

针对乡村优质资源分散、社会资本下乡难的问题，新津文旅集团与张河村集体经济股份合作社联合组建项目公司，村集体以 18 亩集体建设用地和 200 余亩农用地作价入股、新津文旅集团以现金入股的方式，分别占股 20%、80%，再由项目公司与“三途一斯”开展合作，搭建村集体、平台公司、社会资本“三位一体”利益链接机制。推行“保底 +

分红”，由新津文旅集团对参与民宿运营的村民以及村集体实行收益保底，项目公司盈利分红超过保底，按盈利分红；分散农宅“非标”改造项目，按照营业收入农户与斯维登集团 4:6 的约定比例进行利益分配。

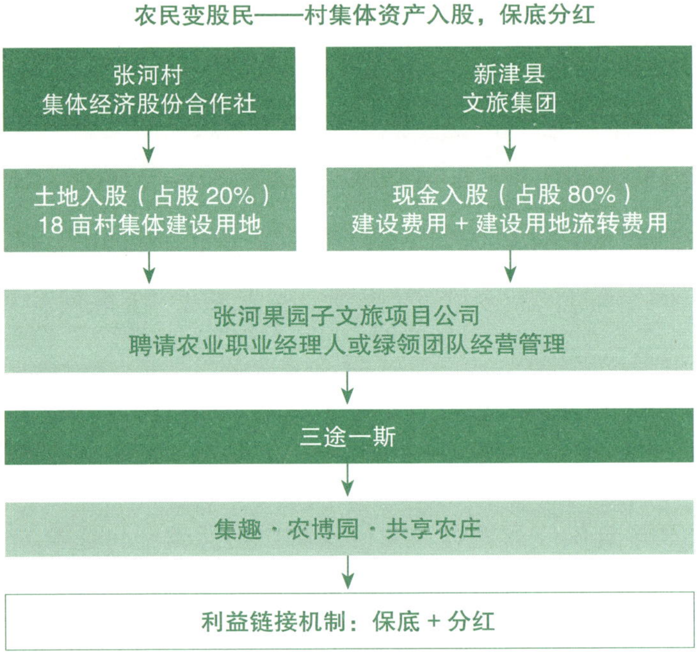

张河果园子文旅项目公司

激活“空心村”

（三）营建“全产业链”融合新业态

通过在乡村这块“主板”上插入互联网+共享农庄“芯片”，有效吸引工商资本投向乡村、市民到乡村消费，为乡村导入产业和人流，盘活了乡村闲置农房和土地，示范带领29户社区群众发展“非标民宿+体验农场+特色餐饮+自然教育+社区营造”等新业态，推动村社生产关系、商业价值、资源链接重构，实现“田园变公园、劳作变体验、农品变商品”的飞跃。自项目运营以来，张河村接待游客13万余人次，年旅游综合收入达2300余万元，促进在地就业100余人，新增常住居民400人，村集体经济年收益60余万元，农民人均纯收入达30000元，比全区农村平均水平高出4000元。

二、小金实践，“共享农庄”成为脱贫攻坚新动能

按照四川省委“一干多支”发展战略部署，新津发挥中国天府农博园“窗口+基地”平台作用，依托小金在地资源，推动“互联网+共享农庄”模式在小金县沃日镇木栏村推广，形成“农博+小金·苹果共享农庄”可复制、可推广的脱贫奔康新模式。

（一）推进股份化改革活化农村集体资产

运用新津农村产权制度改革经验，选派农村股改实操专家赴小金县木栏村指导开展农村集体资产股份化改革，完成项目选址地27.24亩土地丈量和地面附着物清产，并折价入股“农博+小金·苹果共享农庄”项目，入股农户每年可获得1.2万元/亩的项目保底收益。2019年5月，阿坝州第一张农村集体经济组织登记证、农村集体资产股权证在木栏村颁发。

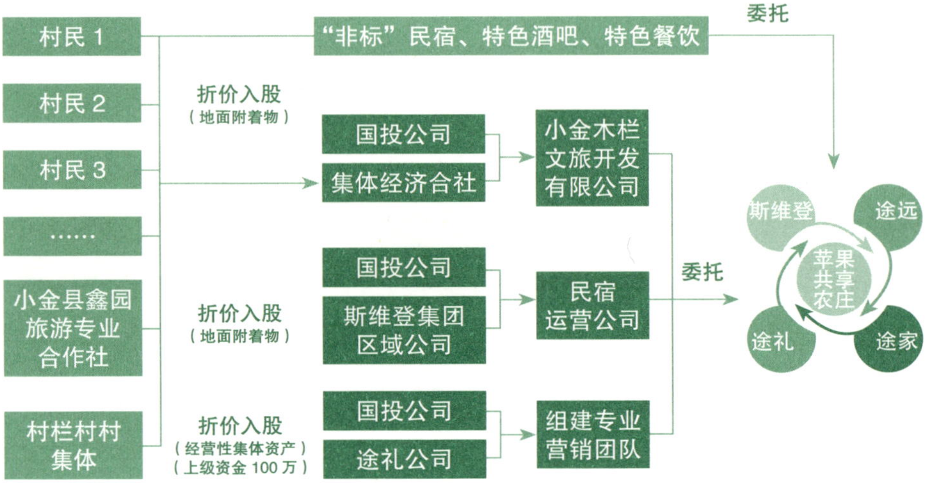

“造血式”扶贫

（二）运用市场化逻辑激发扶贫奔康活力

按照“政府主导、村集体牵头、农户参与、市场运作”的发展模式，小金县组建了木栏文化旅游开发有限责任公司，木栏村集体股份经济合作社占股 30%，小金国投公司（新津帮扶资金）占股 70%。项目通过村集体经济组织、专业合作社、项目公司开放市场接口，委托乡村旅游民宿运营平台途家进行运营，按照项目公司和民宿运营平台 4:6 的比例分配利润，形成“本地国有企业 + 村集体经济组织 + 社会资本”的管理结构，增强“造血式”扶贫内生动力。

小金・苹果共享农庄

（三）突出场景化示范调动群众广泛参与

通过引进斯维登、途远、途家、途礼等品牌企业，建成25栋“星空房”特色小木屋及观光栈道、餐饮购物、污水处理等基础设施，完善“吃住行游购娱”六大要素，升级“小金出品”品牌，统一供销小金农特产品，开发农事体验区10个，新建苹果育苗基地1个，建成集休闲观光、创意农业、农事体验、产品销售等为一体的田园综合体。自2019年运营以来，精准导入游客10万余人次，销售当地特色农特产品400余万元，实现村集体经济分红68万元，带动人均增收2300元以上。

（四）坚持系统化思维培育扶贫奔康火种

为改变贫困地区人才资源“失血”“贫血”状况，建立“津金”两地干部联合教育培训机制，先后组织小金干部500余人赴上海、深圳等地参加乡村振兴、社区治理、产业发展等专题培训，转变干部思维观念，提升干部能力素养；依托四川绿领乡村振兴培训学院和天府农博园乡村振兴研究院，在小金村居院坝、田间地头开展技能培训3000人次以上，提升本土人才产业技能、经营管理与服务水平。“共享农庄”既是田园产业体，也是文旅综合体，通过融入在地文化、产业和资源，可以迭代产生新的模式。目前，已成功在全国18个省、50个市县区复制推广。

三、赋能迭代，“共享农庄”塑造乡村发展新优势

乡村振兴是一项系统性工程，需要以创新的思维推动改革突破、放开搞活，培育发展乡村新业态、新模式，让沉睡的资源变成乡村发展的源头活水。新津迭代升级“共享农庄”模式，围绕资本赋能、数

字赋能、人才赋能，接续推进全面脱贫与乡村振兴有效衔接，助推小金农业高质高效、乡村宜居宜业、农民富裕富足。

（一）搭建“平台公司 + 集体经济 + 社会资本”共生发展新平台，助力共享农庄“小金卡、住全国”

与途远公司联合发行小金“民宿消费乡村振兴公益卡”，建立“共享农庄”智慧景区导游系统，将现有公众号、小程序等信息平台、小金红色旅游、自然旅游等资源整合，探索“新零售民宿 + 私域流量池”的消费扶贫新模式，解决“共享农庄”民宿可持续盈利所面临的品牌和流量问题，引导旅游二次消费，实现“消费通小金、旅游通全省、住宿通全国”，村集体经济年分红收益 100 万元以上，成为四川藏区首个“百万小康村”。同时，对木栏里内部环境进行提档升级，对外部环境进行改造提升，承接“共享农庄”品牌效益外溢，累计组织 9 户村民对住区进行改造，形成 65 个标准床位接待能力，日均接待收入近 2 万元，促进农户在地增收。

（二）创建“头部企业 + 数字赋能 + 树立品牌”产业发展新模式，助力农特产品“买小金、卖全国”

依托天府农博园“数字农博 + 乡村振兴”综合服务平台，利用 58 农业等线上销售平台，扩大小金苹果、松茸、虫草等农特产品影响力，完善从生产加工到物流运输到市场消费的农特产品全过程链条。依托由新津、小金与伍田食品混改组建的阿坝州最大牦牛食品生产基地，建立国内牦牛肉分割标准体系，启动牦牛“放牧 + 补饲”半舍饲育肥科学养殖示范项目，建立订单合作饲草种植基地 3 万亩，完善牦牛养殖、屠宰、加工、销售全链条，实现年出栏 2 万头以上，帮助养殖户每头牦牛增收 800 ~ 1000 元。

(三)探索"科研院校 + 分层分类 + 一线实训"人才培训新机制，助力四川藏区"人才兴、藏区新"

新津依托与中国农业大学共建的四川现代农业产业研究院，链接新津东软西南数字工场、四川绿领乡村振兴培训学院等培训资源，针对村(社区)换届后书记、主任和合作社理事长"一肩挑"的基层干部，以及小金返乡农民工、退役军人、大学生等新乡村产业从业人员，分层分类开发社区微治理、分享经济、乡野民宿等课程体系，实施"专题教学 + 实战演练"教学模式，推动干部人才认知迭代、乡村产业业态迭代、企业商业模式迭代，为小金实现乡村振兴培养一批"一懂两爱"的基层干部队伍和高素质技能型人才。

专家点评

成都市新津区对口帮扶小金县以来，积极探索帮扶新路径，通过整合各类扶贫资金引入新产业、盘活在地低效资源培育新业态，把天府农博园核心区张河村探索形成的"互联网 + 共享经济"模式复制到小金，助推小金于 2019 年实现整县脱贫摘帽。总体来看，该案例可以归纳出两个特点：运用互联网共享思维与搭建新型产业平台。

1. 通过互联网构建"共享农庄"为乡村产业与脱贫攻坚赋能

小金县通过以完善利益联结机制为核心，以制度、技术和商业模式创新为根本动力的方式，推进了农村一二三产业融合发展，构建了充分利用当地资源、彰显地区特色和文化价值的产业体系。需要强调的是，实现脱贫攻坚与乡村振兴都离不开推动农村产业深度融合，小金县充分运用以"共享"为特征的互联网思维，培育新产业新业态，依托互联网与场景化示范加快培育新型农业经营主体、推进股份化改革、活化农村集体资产，有效解决传统乡村产业中效率低下、品牌意识缺失、产品运营不规范等问题，推动乡村繁荣发展与产业迭代升级。

2. 通过赋能迭代推动农村产业深度融合，不断发展壮大乡村产业

在成都市新津区的帮扶下，小金县积极探索乡村产业发展新路径。其中，重点搭建“平台公司 + 集体经济 + 社会资本”共生发展新平台、创建了“头部企业 + 数字赋能 + 树立品牌”产业发展新模式、探索“科研院校 + 分层分类 + 一线实训”人才培训新机制。需要关注的是，推动乡村振兴的根本在于打造产业发展的新载体与新模式，小金县通过打造三方面的“三元”融合平台，促进农业农村的内部融合，延展了农业产业链价值链，拓展农业的生产生活功能，提高农业农村的人力资本水平，有效推动农业农村发展与新型城镇化相结合。

多措并举打造消费帮扶“新样板”

——四川省乐山市马边彝族自治县东西协作消费帮扶实践案例

背景导读

实施消费帮扶，有利于动员社会各界扩大受帮扶地区产品和服务消费，调动广大农户依靠自身努力实现光荣脱贫，有效提升产业带动的质量和成色。马边县坚持把消费帮扶与解决城市“菜篮子”“米袋子”“果盘子”问题相结合，创新提出“创品牌、建平台、促产业”的消费帮扶思路，通过政府引导、市场运作，打通农副产品生产、流通、销售环节，全面推动消费帮扶工作向纵深发展。

马边地处四川盆地西南边缘小凉山区，农特产品种类多、品质优、绿色健康无公害，但群众长期以自产自销为主，规模化、标准化生产能力不足，且产品多为初级产品，附加值低、利润空间小，导致群众受益不明显。东西部协作实施以来，马边县依托科技公司、农产品体验馆等平台，全面打响“越商走马、边货入城”品牌，推动马边本土特色农产品销往东部市场，探索出一条“边货入城”助农增收的新途径。2019 年，实现农特产品消费帮扶 1193 万元，带动 300 余户 1000 余人，贫困群众年均增收约 1308 元。2020 年，实现马边农特产品消费扶贫 2047 万元，其中：采购、销售扶贫协作地区已认定扶贫产品 1014 万元，开展消费扶贫带动贫困人口 2364 人。2021 年，截至目前，已完成消费 1500 余万元，预计年消费帮扶达 1800 余万元。

基本做法

一、高位推进，双向对接实现双赢

（一）压实压紧责任

为进一步推进消费帮扶相关工作，制定《“越商走马·边货入城”活动方案》，成立了县级消费帮扶工作专班，建立工作机制，细化具体职责任务，制定消费帮扶统计办法和考核办法，确定推动具体措施，形成了“1+N”政策体系。目前，全县帮扶“832”已有 72 家供应商、认定 1042 个农产品，2020 年实现线上、线下销售金额达 2700 余万元。

（二）对接对联销售

积极搭建农产品产销对接平台，动员协作地越城区党政机关、企事业单位、学校、医院等采购马边特色农产品，建立起长期稳定的供应链。大力培育农业龙头企业，大力推广“龙头企业 + 合作社 + 农户”发展模式，发挥“龙头”作用，带动 4 家合作社、300 余户困难群众发展产业，进一步完善企业与脱贫户的利益联结机制，有效带动全区建档立卡人口增收，实现互利共赢。

（三）推介推广宣传

积极组织36家种养殖合作社、公司及企业参加县外农产品推荐会或农产品扶贫展销活动11次，积极建设县内外销售平台，力争实现农产品直通定点销售。依托国家级电子商务进农村示范项目，举办电商知识培训班121期，培训6152人次，其中脱贫户1866人次。选定40个行政村和3个易地搬迁集中点，采取“电商+龙头企业（合作社）+农户”模式建设电商服务点，发挥县内电商平台优势，大力推动“秀美马边”公共品牌宣传。

二、完善体系，畅通物流配送渠道

（一）建设“三个中心”

建成县级电商快递物流配送周转服务中心，整合中通、申通、百世、天天等5家快递企业资源，实行集中收件存件、统一发件，推动农产品上行物流价格由原来10元3公斤降至6元3公斤，降幅达40%。建成猕猴桃、茶叶、竹笋等5个农产品分拣加工中心，提供农特产品的科学分类、分级、分拣、包装、加工等服务。建成冷藏仓储量达60吨的裕达物流农产品冷链中心，实行出入库产品“一物一码”，日处理能力达1000件。

（二）设立“三级站点”

按照“就近设点、便民利民”原则，设立乡镇电商物流服务站5个、村级电商物流服务站40个、易地扶贫搬迁电商物流服务点3个，统一配置台式电脑、监控器、打印机等设备，形成县乡村三级农村电商物流配送站点。目前，全县下行件日均4000件、上行件日均200件，群众物流需求得到有效满足。

（三）布局“四条线路”

根据城乡地理位置、道路交通等情况，规划建设“物流中心—烟峰—高卓营—永红方向”“物流中心—沙腔—梅子坝—三河口方向”“物流中心—下溪—雪口山—荣丁方向”等4条物流线路，织密城区集中配送和乡镇共同配送网络。目前，已实现全县15个乡镇113个行政村（社区）全覆盖，快递包裹进入县城后24小时即可送达群众手中。

三、创新模式，拓宽线上线下市场

（一）开设“线上直销馆”

在马边旅游电商平台开通“马边特产”商城，集中展销马边茶叶、竹笋、青梅、猕猴桃、腌腊制品等原生态农特产品，提供正品保障、退换货、联盟网站导航等服务。利用京东、淘宝等知名电商平台开设淘宝马边馆、京东马边馆等，入驻马边特产馆企业24家，上线农特产品59款。

（二）建立“线下体验馆”

紧跟上海、成都等地市场需求，设立上海麦金地集团O2O体验馆、高山茶成都直营店、神马科技销售体验馆等直营店57个。借势东西部协作、定点对口帮扶等，在浙江省绍兴市越城区定期举办“越商走马”“边货入城”等活动，推动扶贫标志产品入住省内外大型超市、知名高校商店。设立越城区“秀美马边”农产品体验馆，3年来累计帮助销售马边农特产品2000余万元。

（三）推广“秀美马边牌”

打造农特产品溯源体系，建成生产基地、加工企业、仓储物联网，为43个系列农产品设计二维码并赋码，推动放心消费。打造“秀美马边”电商区域公用品牌，推出品牌卡通形象彝族英雄“拉巴”与姑娘“阿芝”，培育“蜀红”“马边高山”等5个企业品牌。成立“秀美马边”品牌协会，常态举办“小凉山火把节”，参加“农博会”“西博会”等会展，进一步擦亮金字招牌。

四、瞄准品质，构建一流服务体系

（一）打造电商服务总部

建强县级电子商务公共服务中心，分设创新创业孵化、大数据、会议商洽等12个功能区域，面向高校毕业生、退役军人、返乡创业人员等群体提供公益性电商服务。围绕茶叶、竹笋、猕猴桃等农特产品和马边彝绣等工艺品，分类制定生产、加工、包装、配送等品控标准，积极孵化农产品销售、工业品下乡等电商创业项目。

（二）培养农村电商人才

开设商品选择、网店（微店）开设、包装客服等课程，举办培训班121期、6152人次，推动参训人员开设网店102个，其中贫困户开店29个。推行电商服务站“一站多业”，在学员中优先选拔13名脱贫户担任站点负责人、科技帮扶信息员，利用EPOS、App等平台，提供代购代销、金融、技术咨询、快递收发等增值服务。

（三）建立利益联结机制

探索“公共服务中心+乡村电商站点+脱贫户”“供应链企业+脱

贫户”等机制，电子商务进农村综合示范项目承办企业与52个脱贫村、302户脱贫户签订帮扶协议，承办企业负责帮助合作社、供应链企业升级产品和推广销售，合作社、供应链企业负责收购脱贫户产品和雇佣脱贫户务工。马边县网商总数共计760家，电商带动就业人数0.29万人。

五、启示与设想

（一）创新协作力度

抢抓定点帮扶、对口援彝、东西协作等机遇，开展形式多样的消费帮扶产销对接、签约活动。动员帮扶地各级预算单位带头开展消费帮扶，通过优先采购、预留采购份额等方式，持续加大农产品采购力度，形成消费帮扶的强大合力。紧盯东部地区终端大市场，组织各级各类产销企业抱团出县，搭建多种类型的展示展销和洽谈对接平台。充分发挥东部地区产品体验馆展示窗口作用，持之以恒推销马边好中优、特别特、独一份、错峰头优质农产品。

（二）线上线下融合

持续加大与各大电商平台合作，充分利用直播带货等新兴平台，发挥县乡村三级电商服务体系作用，建立与脱贫户联结机制，多形式、多途径扩大农产品销售渠道。加强农产品预警监测工作，充分依托大数据等现代信息技术，做到提前研判、及时预警、尽早防范，及时掌握供需、价格变化信息，建立优质粮油肉等优先收储制度。

（三）注重社会协同

注重抓住一个单品集中打造，扣住全县的一个龙头产业，创出一个解决民生的品牌，带动一批脱贫群众致富。同时，协调金融机构给予优惠贷款，支持小微企业进军营超市，搭建“企业 + 银行 + 农户”销售支撑平台，政府、社会组织、企业等共同参与，一步一动将“边货入城”消费帮扶逐步做实做深做细。

（四）尊重市场规律

坚持发挥市场主体作用，通过东西部协作搭台解决供需信息不对称，打通消费帮扶产品销售痛点、堵点、难点，推动边货销售终端无缝对接；通过压缩分销层级和物流环节，建立边货入城“高速路”，切实降低产业链条成本，让利于群众和有关企业；通过合理确定农副产品售价和供应企业，确保在采购和消费中切实得到实惠，推动形成供需两端互相促进的良性循环。

专家点评

马边地处四川盆地西南边缘小凉山区，农特产品种类多、品质优、绿色健康无公害，但群众长期以自产自销为主，规模化、标准化生产能力不足，且产品多为初级产品，附加值低、利润空间小，导致群众受益不明显。

为解决上述问题，马边县坚持把消费帮扶与解决城市“菜篮子”“米袋子”“果盘子”问题相结合，创新提出“创品牌、建平台、促产业”的消费帮扶思路，通过政府引导、市场运作，打通农副产品生产、流通、销售环节，全面推动消费帮扶工作向纵深发展。总体来看，马边县多措并举打造消费帮扶“新样板”具有两个方面的特征：加强农村物流基础设施建设与发展农村电子商务。

1. 加强农村物流基础设施建设促进消费

马边县把畅通物流配送渠道作为农村基础设施建设的重点，加快构建农村物流基础设施骨干网络，建设“三个中心”、设立“三级站点”和布局“四条线路”，扩大了商贸、邮政、快递、供销、运输等企业在农村地区的设施网络布局，促进了城乡物流运输之间的互联互通。此外，乡镇电商物流服务站、村级电商物流服务站、易地扶贫搬迁电商物流服务点的建立也满足了农民群众的物流需求，现代化的物流设施为农民群众消费提供了便利，有利于畅通国内大循环。

2. 发展农村电子商务促进消费

农村电子商务是指利用互联网、计算机、多媒体等现代信息技术，使从事涉农领域的生产经营主体通过电子化、网络化方式完成产品或服务的销售、购买和电子支付等业务过程，包括农村电商公共服务体系和农村电商培训等。一方面，马边县开设“线上直销馆”，利用京东、淘宝等知名电商平台开设淘宝马边馆、京东马边馆等，入驻马边特产企业和上线农特产品。另一方面，马边县积极培养农村电商人才，利用 EPOS、App 等平台，提供代购代销、金融、技术咨询、快递收发等增值服务，通过构建一流服务体系为消费提供保障。

行业、专业、社会三位一体
打造教育信息化普惠工程

——腾讯教育助力四川省凉山彝族自治州乡村教育普惠案例

背景导读

凉山彝族自治州（俗称“大凉山”）位于四川省西南部，幅员 6.04 万平方公里，是中国最大的彝族聚居区，也是我国最后消除奴隶制的地区之一，当地少数民族被称为“直过民族”。加之交通不便、气候恶劣等各种因素交织，凉山州 17 个县市中一度有 11 个县为深度贫困县，贫困人口达 97 万人。

2020 年，被称为“中国最贫困角落”之一的四川大凉山整体摆脱贫困。村村通的公路，新建的学校、卫生室，随时随地能接收电视、智能手机等带来的各式科技信息，不仅改变了大凉山人的生活方式和思想观念，也开启了他们的新生活。

但受地理条件、历史欠账、文化习俗和人员素质制约等因素影响，巩固拓展脱贫攻坚成果任务艰巨，特别是当地困境儿童的帮扶需求仍

将长期存在。

在乡村振兴中，教育普惠是重要组成部分。短期任务是保障适龄青少年儿童有学上、上得起学，而长期任务是提升各年龄阶段的人群提高学习兴趣，并帮助他们享受有质量的教育，教育普惠不仅仅是攻坚战，更是持久战。

当前，大凉山正通过“一村一幼”、大小凉山彝区教育扶贫提升工程等方式，在民族地区普及九年义务教育、丰富教育体系，推动教育普惠。2018 年，为了解决凉山学前教育资源短缺、学前儿童普通话普及程度低的问题，国务院扶贫办、教育部还在当地启动了“学前学会普通话”行动试点工作，让 2724 个村级幼教点内的 11.28 万名幼儿学好普通话，更好地接受教育。

2021 年，中国艾滋病防治协会希望以科技之力，激发孩子们的学习兴趣，助力当地儿童身心健康发展。在行业、专业、社会三位一体协同参与的教育信息化普惠模式支持下，通过实施教育信息化普及应用带动边疆民族教育整体发展行动，实现了智慧课堂、网络教研、名师课堂的常态应用，破解了山区乡村开齐开好国家课程、教师专业发展、学生学业提升、学校管理服务增强的难题，促进了教育均衡和质量提升。

腾讯教育以科技 + 教育为核心，提供覆盖教育全成长周期的智能化链接、教学、科研和管理服务，做好行业智慧化升级的“数字助手”。一方面，通过技术“激活”教学中的软硬件，助力学校在“教、学、管、评、测”各个环节实现智慧化升级；另一方面，以 AI 为底座，为个人提供全方位的能力成长学习平台，帮助他们探索更多元的世界。

基本做法

一、乡村振兴，教育先行

受历史因素和客观因素影响，城乡学生之间在享受平等教育权利和机会上存在较大的差距。推动优质教育资源的共享，促进城乡教育均衡发展是当前教育普惠面临的现实问题。

借助于互联网，优质教育资源突破了时间和空间的阻隔，辐射到边远地区，为解决城乡教育发展不均衡提供了新的途径。腾讯教师助手在四川省凉山彝族自治州落地，以简单灵活的方式，解决了传统智慧课堂需依托电子产品、建设维护成本高等问题。它扮演着一种连接器的作用，一方面作为海量优质资源的承载平台；另一方面，以最简单的方式让老师将这些资源调整成符合本地学情的课件，打破二者间的壁垒，使工具真正用起来，进而更好地联动社会各界，为大凉山输送更多优质的工具和内容资源，让乡村地区的孩子也能和城市里的孩子一样，享受到优质的教育资源，这就是“互联网＋教育”为教育普惠带来的新解法。

二、“抚心”解决乡村儿童问题

近年来，社会各界对乡村留守儿童和困境儿童的关注不断增加，通过各种方式为他们捐钱捐物。然而，由于家庭关怀的缺失，乡村留守儿童和困境儿童身上有几大共性：第一，性格敏感，自卑内向；第二，由于常年和父母缺少联系与沟通，亲子关系淡漠，很多孩子在人际关系交往中也存在障碍；第三，老人无力辅导或监督孩子的学业，部分孩子出现厌学甚至逃学现象。

因此，乡村儿童问题的背后，实际上也是一个“抚心”的问题。过去，受条件所限，边远乡村的儿童由于普通话不熟练等问题，不敢在课堂上回答问题。但随着科技的发展，借力腾讯教师助手的平台能力，以“A4纸”为代表的新形式和手段，提供了全新的破题思路。让孩子可以通过更多元化、更具趣味性的方式与老师们进行互动交流。上课时，学生只需把正确选项所对应的颜色纸张向上举起，即可快速被“电子眼”识别，并在黑板上同步显示姓名和作答结果。推动全班学生都能参与互动答题，并实时展现结果，让乡村儿童也能像其他孩子一样，在成长过程中不断地提升自信心，更加专注于学习。

学生们通过 1 张 A4 纸与老师进行课堂互动

此外，在教育信息化时代乡村学校肩负的任务更为紧迫，素质教育资源的输送显得尤为重要。跨越地域限制的素质教育课堂，能够让孩子们在教师引导下，发挥创意，开发智能，探索更大的学习深度。借助科技的加持，以腾讯教师助手为代表的新力量，能够改变乡村留守儿童和困境儿童的情感与教育双重困境，同时推进素质教育在乡村的普及。

三、教学资源扶持重点从“硬件”到“软件”的倾斜

实现脱贫攻坚同乡村振兴的有效衔接，要调整教学资源扶持重点，实现从“硬件”到“软件”的倾斜。随着党和国家采取“全面改薄”等一系列措施，乡村地区的办学“硬件”基础设施逐渐完备。但乡村的教学技术和优秀师资等“软件”资源还不太充足，这逐渐成为阻碍教育发展的瓶颈。从长远来看，要实现乡村文化振兴，就要适度调整教学资源扶持重点，根据乡村地区教育发展新阶段的实际需要，在满足教学设施、生活设施等“硬件”需求的前提下，加大在教学技能、

课后，老师们在进行学情回溯和分析

师资力量等“软件”资源方面的投入。

例如借助科技推动教育均衡发展。通过“互联网 + 教育”和“AI+教育”等形式，助力教育均衡发展和教育质量全面提升，让乡村孩子享受到与城市孩子同样的教育资源，获得更好的教学体验。

人才是推动乡村振兴战略的核心要素。教育普惠的持续推进，将直接影响乡村文化振兴的长效发展。要在教育数量达标的基础上，进一步提高乡村地区教育教学质量，切实缩小乡村与城区教学质量之间的差距，推进城乡教育统筹发展，在教学方面实现从“数量普及”到“质量提高”的转变。

同时也不断加强教师教学技能训练。注重对青年教师的培养，提升教师职业素质。引导乡村教师切实树立学高为师、身正为范的良好形象，用自己的良好言行和人格魅力去感染、熏陶、影响学生，做乡村教育现代化和乡村振兴的推动者与实践者。创新教育方式，比如利用互联网和 AI 技术，采取新型教学方法和教育手段。

专家点评

教育就像一个孵化器，承载着许许多多凉山娃“走出去”、改变命运的梦想。四川省凉山彝族自治州与腾讯教育合作，以科技 + 教育为核心，提供覆盖教育全成长周期的智能化链接、教学、科研和管理服务，提高了大凉山人对于“读书”的重视程度、弥补了教育资源的短板、提高了学生的学习积极性，更化解了困境儿童性格孤僻自卑等问题。总体来看，腾讯教育助力四川省凉山彝族自治州乡村教育普惠案例具有两方面特征：发展“互联网 + 教育”和推动行业、专业、社会三位一体共同参与的教育信息化普惠工程。

1. 通过“互联网 + 教育”促进乡村学校信息化和提升乡村教师信息技能

“互联网 + 教育”主要包括乡村学校信息化、乡村远程教育、乡村教师信息技能提升等内容，通过将互联网等新一代信息技术与教育深度融合，推动乡村学校网络覆盖、城市优质教育资源与乡村对接，实现城乡教育资源均衡。四川省凉山彝族自治州与腾讯教育合作，为乡村学校配备腾讯教师助手等教学设备，满足远程教育等信息化教学需求，在提升课堂氛围、实现学情沉淀追溯、实现线上教育教学和教育管理等方面发挥了重要作用。最终帮助乡村学校教师们提高了教学质量，同时也提升了孩子们学习的乐趣和获得感。

2. 推动行业、专业、社会三位一体共同参与的教育信息化普惠工程

教育信息化具有一定的技术门槛和资金要求，因此在教育信息化平台建设中应注重整合利用各层级、各地区以及社会教育资源，避免重复建设与资源浪费。四川省凉山彝族自治州通过与腾讯教育合作，更好地发挥了政府和市场两方面的作用，充分体现了有序引导企业等社会力量参与乡村教育信息化平台、教育课程资源建设的作用及效果。

扛牢首倡地政治责任　努力在乡村振兴示范创建中走在前列

——湖南省花垣县巩固拓展脱贫攻坚成果同乡村振兴有效衔接实践案例

背景导读

2013年11月3日，习近平总书记到湖南省花垣县十八洞村视察时，首次提出“实事求是、因地制宜、分类指导、精准扶贫”重要论述。近年来，花垣县始终牢记习近平总书记殷切嘱托，坚持以首倡之地当有首倡之为打好打赢脱贫攻坚战，77313名建档立卡贫困人口全部脱贫，142个贫困村全部退出，成功摘掉贫困县帽子，脱贫攻坚成效显著，成功走出了一条以十八洞村为样板的可复制、可推广的精准扶贫好路子，脱贫成效多次得到习近平总书记的肯定和鼓励。花垣县被列为“全国脱贫攻坚交流基地”，十八洞村荣获“全国脱贫攻坚楷模”，成为人类减贫史上的重要地标和新时代红色地标。全面脱贫之后，如何做好巩固拓展脱贫攻坚成果同乡村振兴有效衔接工作成为花垣县的重要目标任务。

基本做法

2022年以来，湖南省委、省政府将花垣县确定为乡村振兴示范创建县，省委、州委主要领导亲自联点花垣，花垣将坚持以此为契机，坚决扛牢首倡之地政治责任，大力弘扬伟大脱贫攻坚精神和建党精神，扎实推动巩固拓展脱贫攻坚成果同乡村振兴有效衔接，积极探索可推广、可复制的经验做法，努力在脱贫地区乡村振兴示范创建中走在前列。

一、抓好顶层设计构建高位推动格局

围绕巩固脱贫成果要求和乡村振兴“二十字”方针，建立健全领导机制、责任体系和考评制度，强力推动巩固拓展脱贫攻坚成果同乡村振兴有效衔接。

第一，强化组织领导。实行双组长制，成立由县委书记、县长任组长，县委副书记、县政府分管副县长任副组长，相关县级领导为成员的实施乡村振兴战略领导小组，领导小组下设办公室在县乡村振兴局，负责统筹协调、调度指导和督促检查等工作。全面落实“三级书记”抓乡村振兴工作机制，成立“1（巩固拓展脱贫攻坚成果）+6（乡村振兴六大行动）+N（按工作实际需要）”工作专班，建立县领导联乡包村帮户等体制机制，压紧压实县、乡、村和行业部门“四方责任”。

第二，科学谋划部署。出台了《花垣县创建乡村振兴示范县工作方案》《2021年花垣县巩固拓展脱贫攻坚成果同乡村振兴有效衔接实施方案》，大力实施乡村振兴“356”工程（将全县所有村分为乡村振兴

示范村、重点帮扶村和其他面上村三类分年度、分阶段统筹推进，把全县划分为“十八洞—边城文化融合、城乡融合、园区+空港三产融合、特色农业产业、绿色矿业转型”5个特色片区进行打造，全面开展乡村振兴“六大行动”），有力有序推进乡村振兴。

第三，严格督查考核。坚持把巩固拓展脱贫攻坚成果同乡村振兴有效衔接作为重要政治任务和第一民生工程，并纳入县委、县政府日常管理和年度绩效考核重要内容，实行“周调度、月通报、季点评、半年约谈、年底考核”制度，将考核结果作为各级党政干部年度考核、评先评优、选拔任用的重要参考依据。

二、健全帮扶机制巩固脱贫攻坚成果

严格落实“四个不摘”要求，继续抓好脱贫成果巩固的“三个落实”，做好“三个衔接”，坚决守住不发生规模性返贫底线。

第一，健全防返贫监测和帮扶工作机制。建立定期开展“回头看”工作机制，组织开展大培训、大走访、大排查、大督查、大整改“五大行动”，加强部门数据比对和入户走访，及时发现脱贫不稳定户、边缘易致贫户及突发严重困难户并纳入监测，做到“一户一策、一户一案”，筑牢返贫致贫防线。

第二，健全结对帮扶机制。建立“四结对”工作机制，按照县级领导结对帮扶3户未消除风险监测户、科级干部结对联系3户监测户、党员干部结对联系脱贫户和一般户的方式，实现全县所有农户结对联系全覆盖。加大派驻帮扶力度，从退职正科级干部中选派12名驻村名誉书记进驻12个重点帮扶村，组建省、州、县62支乡村振兴工作队进驻乡村振兴示范村和重点村，全县 230 个村（社区）实现选派第一书记全覆盖。

第三，健全民生保障机制。抓牢“两不愁三保障”和安全饮水工程，城乡低保标准分别提高到每人每月 600 元、440 元，城乡分散供养标准分别提高到每人每月 780 元、500 元，残疾人“两项补贴”提高至每人每月 120 元。全面落实教育帮扶和医疗救助政策，今年发放学生资助金 2142 余万元，惠及学生 32025 人次，建档立卡人口 100% 参加城乡医保和大病保险。加大易地搬迁后续帮扶，安排 500 万元资金用于巩固和拓展产业发展，打造就业车间促进群众就近就业，确保“搬得出、稳得住、能发展、可致富”。

第四，创新多元化帮扶机制。成立全国首家县级乡村发展基金会，引导各类社会资本投资乡村振兴的重点领域和薄弱环节，目前已与 25 家捐资企业达成 732.5 万元捐资意向。大力推行“企业 + 合作社 + 农户”等模式，通过发展订单农业、鼓励股份合作、强化工商企业带动等措施，形成了龙头企业帮利益联结带动一批、集体经济帮分红带动一批、防贫基金帮救助带动一批、发展产业帮就业带动一批、社会力量帮支持带动一批的“五帮五带”帮扶模式，构建多层次、复合式、立体化帮扶机制。

三、实施六大行动推动乡村全面振兴

聚焦产业、人才、文化、生态、组织“五大振兴”目标任务，实施基层党建引领、产业就业富民、美丽乡村建设、乡村育才聚才、乡风文明铸魂、治理效能提升“六大行动”，积极探索可推广、可复制的乡村振兴经验。

第一，大力实施基层党建引领行动。纵深推进“党建引领，互助五兴”基层治理模式，全县共建互助小组9950个，联结6万多户26万余名群众，互帮互助开展学习宣传、产业发展、移风易俗、矛盾化解等工作。建强基层战斗堡垒，全县230个村（社区）全部实现党支部书记、村（居）委会主任“一肩挑”，村支书待遇平均超过5万元，村级年运转经费达25万元以上。开设“领头雁”培训班、乡村振兴讲堂、农村党员培训班等“充电工程”，提升驻村名誉书记、第一书记、大学生村官驻村能力水平，强化基层组织战斗力。结合“湘西e路通”平台，打通“县、乡、村”三级便民惠民服务网络通道，推动10个部门下放45个便民服务事项，今年办结各类事务13927件，实现村民办事不出村目标。

第二，大力实施产业就业富民行动。坚持以湖南湘西国家农业科技园区为平台，扎实推进农业产业规模化，重点支持发展黄牛、茶叶、蚕桑、中药等8大产业，目前引进入园企业58家，带动全县发展特色产业种植总面积36.69万亩，养殖总规模180.6万头（羽、尾）。深化“资源变资金、资金变股金、农民变股东”改革，全县所有村（社区）成立村集体经济联合社，大力实施农业产业建设项目。强化农企利益联结，全县370多家经营主体按照“龙头企业+农户”“经营主体+村经济联合社+农户”的方式，带动2.58万名群众在家门口实现增收。千方百计促进农村劳动力就业，培育“花垣家政”“花垣绣娘”“花垣育婴师”“花垣焊工”等四大劳务品牌，因地制宜建设6个乡村创业就业车间，全县劳动力转移就业88878人，人均年收入4万元左右。

四、大力实施美丽乡村建设行动

坚持把美丽乡村建设作为乡村振兴的重要抓手，安排资金2470万元用于水、电、路、气、讯、广电、物流“七张网”建设；切实加强传统村落及历史文化名村改造提升，实施传统村落集中连片建设，全面提升乡村硬化、亮化、绿化、净化、美化“五化”水平，打造州级最美乡村12个。持续推进“一拆二改三清四化”人居环境整治行动，全县累计完成改厕4.66万户，创建最美农家1300户，拆除（整治）“两违”建筑、空心房等1221处，全面改善农村人居环境。

五、大力实施乡村育才聚才行动

做好“引”字文章，落实武陵人才计划，建立人才发展专项资金，逐年分批招聘引进应届毕业大学生，大力选派科技特派员和“三区”科技人才。做好“培”字文章，整合200万元资金，重点培养茶叶、烟叶、桑叶、苗绣“三叶一绣”专业人才，累计开展城乡劳动者技能培训122期，培训城乡劳动力5780人，壮大了一批“田秀才”“土专家”“乡创客”“能工巧匠”等人才队伍。做好“用”字文章，出台一系列激励帮扶举措，激励全县新增创业主体630个，带动城乡就业780人，该县创业孵化基地连续三年被评为“湖南省优秀创业示范基地”。

六、大力实施乡风文明铸魂行动

以十八洞获评国家5A级旅游景区为契机，利用十八洞村全国脱贫攻坚楷模、全国爱国主义教育基地，大力宣传花垣脱贫攻坚故事。今年以来开展各类培训活动30批次，现场授课30场次，培训人员2000余人，十八洞村在乡村振兴一线打造的党史学习课堂典型事例，在央视新闻频道党史学习教育专栏《奋斗百年路　启航新征程》中刊播。加强历史文化名镇名村、传统村落、苗族特色村寨保护，做好苗绣、苗族古歌、苗族鼓舞、苗族武术等“非遗”资源保护开发，办好苗族“赶秋节”“苗年”等节庆文化活动，开展送戏下乡活动38场次，不断丰富群众精神文化生活。扎实推进农村移风易俗，利用村规民约、积分超市、大评小奖等约束激励措施，大力治理婚丧陋习、封建迷信、厚葬薄养等不良风气，深入开展群众性精神文明创建活动，全县成功创建国家、省、州文明村26个。

七、大力实施治理效能提升行动

着力健全农村自治、法治、德治相结合的基层治理体系，实行党支部委员会、村民代表会、村民委员会、村务监督委员会“四会管村”制度，探索发挥“一约五会”（村规民约，红白理事会、道德评议会、环境卫生协会、乡贤参事会、社会风气监督会）和“六长”（河长、库长、路长、林长、田长、网格长）在基层治理中的作用。深入推进平安乡村建设，建立完善“一村一辅警”警务机制，全面推进县、乡、村三级综治中心规范化建设。加快完善农村“雪亮工程”“智慧社区”等建设，累计安装人脸识别系统75个，前端监控点、卡口等1543个，市场化安装“雪亮乡村”摄像头5773个。借鉴“枫桥经验”，全县设立乡镇、村调解委员会242个，配有调解员2217名，年均排查各类矛盾纠纷超过1500件，调解成功率达98%以上。

花垣县的实践充分证明，全面推进乡村振兴必须具备一定的要件：

第一，坚持党的全面领导是核心。办好农村的事情，实现乡村振兴，关键在党。在推动巩固拓展脱贫攻坚成果同乡村振兴有效衔接实践中，花垣县始终坚持党对“三农”工作的全面领导，充分发挥党在农村工作中总揽全局、协调各方的作用，成立了高规格的乡村振兴战略领导小组，建立了县级领导联乡包村帮户机制和工作调度机制，切实为工作顺利开展提供了坚实组织保障。花垣县还坚持把建强基层党组织作为推进乡村振兴工作的重要抓手，及时吸纳年轻优秀干部进入村“两委”班子，从优秀退职科级干部中选派驻村名誉书记指导工作，大力选派县直机关优秀干部进驻乡村振兴一线，全县所有村（社区）实现驻村第一书记全覆盖，进一步建强基层战斗堡垒。同时，花垣县通过抓党建促乡村振兴，大力发展壮大村级集体经济，充分发挥基层党员干部在产业发展中模范带头作用，筑牢产业振兴发展基础。

第二，因地制宜推动发展是基础。推进乡村振兴，既要循序渐进，更要因地制宜，探索符合本地实际的发展路径和方法策略。花垣县立足县域实际，充分利用资源禀赋，大力发展乡村振兴产业，助推群众增收致富。一方面，利用地处微生物发酵带、土壤富硒带和植物群落亚麻酸带“三带”地理优势，大力发展湘西黄牛、黄金茶、油茶、蚕桑等 8 大产业，突出龙头企业带动，延伸产业链条，构建一二三产融合发展新格局。另一方面，切实做好文旅文章，深入挖掘县内红色资源、文化资源、生态资源等方面优势，坚持以十八洞获评 5A 级国家旅游景区为契机，联动国家历史文化名镇边城镇、国家湿地公园古苗河、紫霞湖、十八洞周边美丽乡村等景区景点，发展红色旅游、乡村旅游、休闲农业、健康养老、教育研学等新产业新业态，推动县域经济快速发展，带动群众在家门口创业就业增收。

第三，激发群众内生动力是关键。人民群众是我们党的力量源泉，发挥好群众的主体力量，才能激活乡村振兴的内生动力。在宣传发动上，花垣县利用十八洞新时代红色地标优势，大力宣传脱贫攻坚故事、十八洞故事和乡村振兴故事，弘扬伟大建党精神和脱贫攻坚精神，用群众身边事感动身边人，激发群众自力更生、艰苦奋斗的内生动力。在政策鼓励上，坚持“扶上马、送一程”，持续推行小额信贷、技术指导、农业保险等政策措施，降低群众发展产业门槛，增强抵御风险能力，提高群众自主创业热情。在激发活力上，积极推行大评小奖、积分超市、红黑榜等机制，乡镇、村不定期开展评比表彰奖励活动，有效调动了群众参与乡村振兴工作的积极性和主动性。

第四，大力鼓励探索创新是源泉。创新是引领发展的第一动力，是推动乡村振兴的重要因素。在巩固拓展脱贫攻坚成果同乡村振兴有效衔接的实践中，花垣县在制度、机制、措施等方面进行大胆创新和尝试，多措并举、多点突破、多方发力，不断探索激发内生动力、促进产业健康发展、完善农企利益联结、保障农民稳定脱贫等方面的有效措施和途径，先后形成了“四跟四走”产业发展模式、“村集体经济+企业（经营主体）+农户”利益联结模式、“资源变资产、资金变股金、农民变社员”集体经济改革发展模式、“矿业转农业”绿色发展模式，创立了全国第一家县级乡村发展基金会，积极探索引导社会资本投入乡村振兴新模式，切实为全面推进乡村振兴寻找了办法、探出了路子、积累了经验。

专家点评

湖南省花垣县十八洞村是习近平总书记精准扶贫思想的诞生地，

精准扶贫思想的提出是我国扶贫工作战略思想转变的重大标志性事件。近些年，花垣县党委、政府始终牢记习近平总书记殷切嘱托，积极贯彻落实总书记对脱贫攻坚工作的重要指示精神，系统扎实推进各项工作，取得显著成效；在全面脱贫之后，思想不松懈、责任不松动、工作不松劲，积极推动巩固拓展脱贫攻坚成果同乡村振兴有效衔接，从组织领导、工作部署、监督考核等方面加强顶层设计，建立健全推动乡村振兴的领导机制、责任体系和考评制度。同时，严格落实“四个不摘”要求，继续抓好脱贫成果巩固的“三个落实”，做好“三个衔接”，通过健全防返贫监测和帮扶工作机制、结对帮扶机制、民生保障机制和多元化帮扶机制，为巩固脱贫攻坚成果奠定了基础。另外，还聚焦产业、人才、文化、生态、组织“五大振兴”目标任务，实施基层党建引领、产业就业富民、美丽乡村建设、乡村育才聚才、乡风文明铸魂、治理效能提升“六大行动”，积极探索可推广、可复制的乡村振兴经验。

当然，巩固脱贫攻坚成果，推动乡村全面振兴，不仅是一项政治任务，更是一项政治责任，最根本最关键的还是坚持党的全面领导。花垣县委、县政府坚持把脱贫攻坚、推动乡村振兴作为最重大的政治任务、最紧要的民生工程，坚持党建引领，着力强化基层党建与脱贫攻坚、乡村振兴深度融合，推动各项工作取得成效。

“五个一体化”助推乡村高质量发展

——安徽省铜陵市枞阳县全面推进乡村振兴实践案例

背景导读

枞阳县地处安徽省中南部，长江北岸，脱贫攻坚战启动时总面积1808平方公里，辖22个乡镇、1个省级经济开发区、259个村居（其中有扶贫开发任务的村235个、居委会3个），总人口97万人。2018年，枞阳县东部3个镇45个村划入铜陵市郊区，但其脱贫攻坚成效考核仍纳入枞阳县。

作为大别山革命老区县，枞阳县于1985年被确定为省级重点贫困县，1994年被列为国家“八七扶贫攻坚计划”中的重点贫困县。尽管2012年枞阳县退出贫困县序列，但仍是全省非贫困县中脱贫攻坚任务最艰巨的县份之一。2014年贫困户建档立卡时，全县贫困发生率为13.5%，高于省内部分贫困县。在底子薄、贫困面积大、贫困人口多、贫困程度深的基础上，经过2013—2020年的持续攻坚，枞阳县累计减贫3.8万户11.5万人，实现65个贫困村全部出列、贫困人口全部脱贫。

全面脱贫之后，枞阳县贫困人口的“两不愁三保障”问题已经基本得到解决，不过，从发展质量上来说，城乡发展不均衡问题仍然突出，与城镇地区相比，农村地区在产业发展、基础设施和公共服务领域的差距仍旧不小。下一步，如何补齐农村基础设施、公共服务领域的短板，成为推动乡村振兴的重点。

基本做法

一、积极推进城乡供水一体化

第一，横下决心干。枞阳县濒临长江，可以说是开门见江，但历史上全县仅有部分乡镇少数群众能喝上长江水，多数群众只能饮用河湖、池塘、水库水和井水，饮水安全得不到有效保障。过去也曾想全部接通长江水，但是投资巨大，难以筹资，并且小水厂各据一方，利益错综复杂，实施难度很大。面对困难，县委、县政府反复权衡，统一思想，本着人民健康至上的执政理念，下定决心，全面启动农村自来水并网改造工程，并向全县人民承诺：2019 年底实现城乡供水同网同质同服务。如今，全县人民基本喝上了清澈甘甜的长江水。枞阳成为安徽首个实现“全县城乡自来水并网的县份”。2020 年 10 月，全国城乡供水一体化研讨会在枞阳召开。

第二，创新模式建。一是创新小水厂退出模式。枞阳县自来水并网工作，重点和难点在 37 个小水厂退出。县委、县政府作出决策，充分尊重小水厂的选择权：在退出方式上，小水厂可选择领取补偿退出，也可选择批发干净长江水继续经营；在补偿方式上，小水厂可选择按开户数或者资产评估额获取补偿。最终，35 家小水厂获得 6000 余万元补偿款后退出经营，2 家小水厂选择继续经营。其间，未发生一起越级和集体信访。二是创新供水工程筹资模式。在县自来水公司扩容升级延伸管网建设筹措资金 4.5 亿元的基础上，枞阳县还在全省率先采用 PPP 模式，与北京首创水务有限公司合作，筹资 14.15 亿元建设城乡一体化供水项目。2019 年底，该项德政工程顺利建成。

第三，降价增量供。为满足群众降低用水支出、保证充足用水的期盼，枞阳县采取“一降一增”方式回应群众关切。先打“降价牌”，农村自来水开户费每户直降 1000 元、水价每立方米直降 0.3 元，每年累计为全县用户节省支出 600 余万元；再打“增量牌”，以水厂扩容、分层加压等方式扩充供水量，保障末端用户供水量稳定。枞阳县雨坛镇云龙村部分村组地势较高，当地老百姓祖祖辈辈从未饮用过自来水，建设方克服了许多难以想象的困难，终于让世代祖居山岗上的 1000 余户老百姓喝上了长江水。2019 年夏秋两季，枞阳县遭遇 60 年来干旱极值，全县 90% 以上塘坝、水库干涸，但全县近百万群众照样能喝上干净的长江水。

二、大力推进城乡公交一体化

由于丘岗河湖复杂的地理地貌，枞阳县农村公路通达里程短、路网不完善，公交运力有限，群众出行难、出行贵、出行不安全，制约了农业农村发展。枞阳县坚持问题导向，大胆探索创新，在全省首个采用 PPP 模式建设城乡公交一体化项目。如今，已有 180 个村开通了公交车，基本解决了老百姓出行难题。

第一，高起点谋划。枞阳县行政区划调整后，超前谋划，编制了《枞阳县城乡公交一体化规划（2016—2030）》，迅速报批实施后，采取

"无中生有""借鸡生蛋"的方式，安徽交运集团安庆汽运有限公司作为PPP项目中标的社会资本方，为项目投资3.74亿元，收购现有农村专线班车和城区公交车、新购置新能源公交车等。

第二，高和谐退出。改革推进需要对阻力的科学预判，推进不当将会引发激烈社会矛盾。枞阳县制定农村专线班车科学退出方案，保证全部车辆全流程公正化退出。一是邀请第三方公司对车辆进行价值评估，并根据评估价统一补偿，一把尺子、一视同仁，共兑现补偿资金7500余万元；二是坚持人性化退出，优先录用退出车辆驾驶员，或给予退出驾驶员6个月择业过渡期补助。全县农村专线班车如期顺利退出运营，没有发生一起越级和集体信访。

第三，高标准建设。近年来，枞阳县坚持按照综合交通发展趋势推进路运一体化项目建设。一是提升路网服务品质。投资2000余万元建成了枞阳、老洲公交枢纽站，项铺公交停车场和1500余个站牌等，并注重公交及配套设施智能化、信息化建设，以适应未来长远发展需求。二是注重环保。投资1.1亿元购置全电动新能源公交车226台，年减少碳排放量约2000吨。

第四，高水平服务。为增强群众的获得感、幸福感，枞阳县打造"三公开、三优先"服务体系。即公开精选优秀驾驶员上岗，实行严格考核、优胜劣汰；公开路网信息，将公交路线、停靠站点及到发车时间公开，接受群众监督；公开乘车票价，采取价格听证公开合理定价，票价下降80%，每年为乘客节省车费约1.5亿元。坚持教育优先，优先开通县城至安徽百年名校浮山中学公交专线，既保障了师生和家长乘车安全，又为他们每年节约乘车费用2000万元；坚持贫困村优先，对原有的30个贫困村优先开通公交，方便贫困群众出行和农副产品售出；

坚持旅游区优先，开通了浮山4A景区等11条乡村游公交专线，促进了全域旅游。与此同时，枞阳县还为3个江心洲开通了免费轮渡，在渡口设立公交站点，实现水陆运输无缝对接。

三、稳步推进农村环卫一体化

“环境就是民生，青山就是美丽，蓝天也是幸福。”不断满足农村居民对美好生活的需求、提升人民群众的获得感和幸福感，是全面推进乡村振兴的重要内容。2019年，枞阳县采用PPP融资模式引入京环公司，实现农村环卫一体化服务全覆盖，农村环境治理一改“无人管、管不全、管不严”为“专人管、全面管、规范管”，不见昔日“脏乱差”，但见今日“洁净美”。

第一，专业保洁“亮沟亮坎”。专业人员、专有技术、专用工具，科学组合、配套作业，覆盖到集镇区沟沟缝缝、边边角角及农村所有硬化道路，不放过一处卫生死角，“亮沟亮坎，路见本色”，清清爽爽、舒适宜人。

第二，机扫作业“亮边亮线”。机械化清扫保洁作业覆盖每个乡镇集镇区，改“扫地”为“洗地”，利用水车高压清理路面污染、路面养护车清洗重点污染区方式，做到“亮边亮线、路见本色”。

第三，垃圾清运“日产日清”。通过错峰作业、昼夜运转，定岗定责、专人专区，实现生活垃圾清理清运工作常态化。针对节假日返乡人流高峰、车流高峰、节庆活动高峰等特点，提前制定应急预案及增收增运计划，采取歇人不歇车、专车管专线进行避峰作业，确保垃圾“日产日清”。

四、分步推进污水处理一体化

枞阳县按照“城乡统筹、生态优先、分步实施”的思路，制定了城乡污水一体化处理发展规划。通过加大公共财政投入力度，坚持城乡污水设施一体建设，推动污水处理设施向镇村延伸，形成覆盖城区、镇街、村庄的污水收集处理网络。

第一，设施建设与管网配套相结合。坚持地上、地下同步推进，污水处理设施与城区、园区和农村新型社区同步拓展。枞阳县城乡污水处理一体化项目，2020 年 8 月批准立项，现已开工建设，一期项目总投资约 2.22 亿元。主要项目有：全县城乡污水处理集中管控云平台工程、横埠镇污水处理厂提标改造及配套管修复延伸工程、汤沟镇污水管网工程、浮山中学及周边生活污水直排整治工程和藕山镇生活污水处理厂入河排污口工程等。

第二，集中处理与分散处理相结合。对城区、镇区周边的生产生活污水，直接纳入配套管网集中收集处理。对管网暂时通不到的村，因地制宜采用生物膜、活性污泥、湿地处理等技术，建设小型污水处理设施，就地实现生态处理。搞好厕所革命及农业废弃物资源化利用，改善村容村貌。同时，加强长江枞阳段水污染防治工作，有效减轻了长江枞阳段结构性污染程度，从根本上改善了流域、区域生态环境质量，促进了当地生态环境、经济、社会统一协调发展。

第三，政府主导与市场运作相结合。枞阳县采用“EPC+O”模式（设计、采购、施工和管养一体化），组建安徽长江环境科技有限公司代建城乡污水处理一体项目。成立城乡生活污水治理工作领导小组办公室，按照城乡统筹管理的思路，建立了县政府为责任主体、乡镇为管理主体、村级为落实主体、农户为受益主体、第三方为服务主体的五位一体运维管理体系，激发了各方主体工作积极性。搭建信息化系统，智慧化管控全县 16 个污水处理厂（站）及配套管网运营维护。

五、推进医养结合一体化

老有所养是人民幸福和全面小康社会建设的重要表征。我国已经进入老龄化社会，枞阳县 80 万人口中 60 周岁以上老年人约占 18%，养老问题亟待解决。枞阳县委、县政府高度重视农村老年人医养问题，以乡镇卫生院作为“医养结合”服务模式，推进医养结合一体化项目建设。项目涉及 15 个乡镇卫生院及向阳社区卫生服务中心，总投资 7.02 亿元。在养老方式上探索多样化，构筑“嵌入式”医养结合一体化养老服务网，让老年人安享晚年。

第一，养老机构“嵌入”医疗服务。枞阳县 24 家养老机构分批次开设医疗服务项目。其中，枞阳县会宫中心敬老院改制注入民营资本后，经营者与其他合伙人共同投资建设民营枞阳县华山医院，由华山医院在敬老院设立医护室，成功实现医养结合，2020 年被安徽省卫健委和安徽省民政厅授予铜陵市唯一一家全省“医养结合示范单位”称号。

第二，医疗机构“嵌入”养老床位。枞阳县以加大资金、土地等政策支持，在医疗机构增设养老床位，新增养老床位 1200 张。枞阳华山医院内设养老专用床位 100 张，拟总投资 1.8 亿元在 7 个乡镇卫生院共增设养老床位 1000 张。

第三，居家养老“嵌入”签约医生。依托乡镇卫生院、社区卫生服务机构，为居家养老人员配备签约医生，免费为居家养老人员提供体检等服务；对高龄、重病、失能等居家老年人提供家庭出诊、家庭护理等上门服务；对空巢老人进行定期巡访，帮助老年人解决实际问题。目前，全县共组建 214 个家庭医生服务团队、签约服务 20.69 万余人，7 万多 65 岁以上签约老年人免费享受了健康体检。

专家点评

夯实基础设施建设，提升公共服务水平，促进城乡融合是实现脱贫攻坚成果巩固、实现乡村全面振兴的基础和前提。作为大别山区革命老区的贫困县，安徽枞阳县在接续推进巩固拓展脱贫攻坚成果同乡村振兴有效衔接新征程中，继续弘扬脱贫攻坚精神，高度重视城乡一体化发展，通过统筹协调、综合施策、多向发力，持续拓展城乡供水、公交、环卫、污水处理、医养结合“五个一体化”，缩小城乡差距，推动城乡融合发展，助推乡村振兴。

新时代孕育新希望，新征程催生新使命。在推进乡村振兴过程中，枞阳县仍坚持发扬脱贫攻坚伟大精神，以争创一流的志气、攻坚克难的豪气、开拓创新的锐气，抢抓机遇，真抓实干，持续推进城乡融合发展，不断补齐城镇功能短板，提高基础设施建设水平和公共服务供给能力，着力推动农村农民生活观念城镇化、生活方式市民化，为推动城乡一体化高质量发展揭开新篇章。

吃生态饭　做牛文章　念文旅经

——内蒙古自治区兴安盟科右中旗推进乡村振兴实践案例

背景导读

内蒙古自治区兴安盟科尔沁右翼中旗简称科右中旗，位于大兴安岭南麓，科尔沁沙地北端，是兴安盟最南端的一个旗。“科尔沁”系蒙古语，意为“弓箭手”。全旗总土地面积15613平方公里（2342万亩），其中，耕地452万亩，草牧场1300万亩，林地413万亩。全旗辖12个苏木镇，173个嘎查，464个艾里，总人口25万，其中蒙古族人口占总人口的86.8%，是自治区蒙古族人口比例最高的少数民族聚居旗。科右中旗有悠久的历史和灿烂的文化。大兴安岭地区、霍林河两岸，自古以来就是中国北方少数民族历史活动的舞台之一隅，早在4000年前就有人类活动的踪迹，旗的建制始于1636年。科右中旗位于科尔沁沙地北端，土质极易沙化，生态极其脆弱。据2014年数据勘测，全旗沙化土地611万亩，占全旗总面积的26%，当地发展最大的瓶颈在生态、最大的出路也在生态。科右中旗是科尔沁文化重要发祥地，有历史人文资源单体数量197处、自然旅游资源单体数量53处，拥有“一旗九乡四非遗”的文化积淀，科右中旗是全国文化先进旗，中国民间艺术之乡、中国蒙古族刺绣之乡，乌力格尔之乡、科尔沁服饰之乡、蒙古族四胡之乡、蒙古文书法之乡、安代之乡、赛马之乡、科尔沁民歌之乡，拥有乌力格尔、蒙古族拉弦乐器制作工艺、科尔沁蒙医药浴疗法、蒙古四胡音乐4个国家级非遗项目。同时，拥有“山水林田湖草沙”各类自然风光。2018年，习近平总书记在中宣部呈报的《吃生态饭、做牛文章、念文旅经——科右中旗脱贫攻坚和乡村振兴调研》报告上作出重要批示。中宣部为科右中旗量身打造的三个产业战略定位，符合科右中旗实际，符合高质量发展要求，顺应人民期盼。

基本做法

科右中旗坚持按照产业兴旺、生态宜居、乡风文明、治理有效、生活富裕的总要求，建立健全城乡融合发展体制机制和政策体系，加快推进农业农村现代化。

一、强化组织领导，发挥规划引领作用

第一，落实包联工作责任制。制定印发《包联帮扶乡村振兴样板区重点嘎查工作方案》，全面落实包联工作责任制，推进乡村振兴样板区重点嘎查建设，以示范嘎查村建设为引领，以点带面，点面结合，循序渐进，形成乡村振兴示范带，不断巩固脱贫攻坚成果，为乡村振兴战略的深入实施奠定扎实基础。

第二，强化项目支撑。从产业发展、基础设施建设、人居环境整治等重要环节入手，2020年积极整合涉农涉牧资金达2.19亿元，统筹用于农牧业发展、农村牧区基础设施建设及培训项目。

第三，坚持示范引领。以四大工程、五大行动、五区建设为抓手，以示范嘎查建设为引领，确定了2020年“乡村振兴样板区”重点嘎查7个，人居环境“十县百乡千村”示范点1镇3个嘎查开展试验示范，实施重点嘎查项目67项，总投资达4474.97万元，其中产业发展类项目40项、人居环境整治项目12项、基础设施建设项目11项、公共文化服务项目4项。

二、以产业兴旺为重点，持续发展优势主导产业

第一，高质量发展肉牛产业。紧紧围绕中宣部量身定制的“做牛文章”战略定位，按照盟委、行署“两米两牛”工作要求，将肉牛产业作为巩固脱贫攻坚成果和实施乡村振兴战略的主导产业，全力推动包括繁育、育肥、改良、饲草、交易、加工在内的肉牛全产业链发展。实施“数量倍增”工程。2020年底，全旗肉牛存栏从2019年的26.5万头增长到33.5万头，肉牛养殖户1.5万户，肉牛养殖合作社282家，带动建档立卡贫困户2870户，户均肉牛存栏8头。以肉牛产业园区作为肉牛产业高质量发展的集聚平台，不断完善基础设施，加快引进龙头企业，发挥示范带动作用，园区累计投入资金近5000万元，新建和改造牛舍87栋，新增肉牛养殖能力达1400头，建设青贮窖6座，储草棚4栋，饲料加工车间2栋，园区肉牛存栏规模达5000余头。在鸿安集团、亿利源公司、侩牛公司等已入驻企业的基础上，新入驻山东华阳集团、呼

市侩牛等 2 家企业，目前正在开展牛舍改造设计，园区肉牛产业龙头企业总数达 5 家。实施“品质提升”工程。建成国家级种公牛站，从国外引进西门塔尔牛、安格斯牛、和牛、夏洛莱牛等优质种公牛 117 头、种母牛 100 头，年采精能力达 350 万剂。在巴彦淖尔苏木建成了亿利源黑牛良种繁育示范基地，推行“赊母返犊”合作养殖模式。将人工冷配改良作为重点，累计设置冷配站点 885 处，基本实现全旗 12 个苏木镇无公牛全冷配工作全覆盖，肉牛人工授精覆盖度达 95% 以上。构建“饲草保障”体系。积极实施高标准农田、粮改饲、秸秆利用、草牧业试点等重点项目，全旗饲草料总量达 532.5 万吨，每年可满足 106.5 万头牛的饲草料供应量。获得粮改饲项目补贴资金 4000 万元，较 2019 年增加了 2000 万元。全旗青贮种植面积达 50 万亩，受益户数达 1.2 万户。全面推广秸秆转化设备。投入资金 1140 万元，购置秸秆膨化设备和青贮设备 60 台套，覆盖全旗 12 个苏木镇。同时，强化青贮种植技术培训，自治区农牧厅专门组织专家团队，深入各苏木镇集中开展了全株玉米青贮饲料调制加工及利用技术培训，受训养殖户人数达 600 人次。实施“市场流通”工程。启动运营鸿安现代肉牛交易中心，并配备交易结算中心、大型停车场以及现代化管理系统、电子监控系统等配套设施。目前，已入驻农牧户、养殖户、经纪人会员近 5000 人，为地方提供就业岗位 100 余个，累计交易量突破 42.8 万头只（牛交易量 4.2 万头，交易额 5 亿元；羊交易量 38.6 万只，交易额 3.5 亿元），总交易额达 8.5 亿元。构建“加工转化”体系。启动实施肉牛肉羊屠宰加工项目，加快补齐肉牛产业精深加工短板，引进国内知名肉牛产业龙头企业落户实施肉牛肉羊屠宰加工冷链物流项目，总投资 1.8 亿元。建成达产后，可形成年屠宰分割 10 万头肉牛，100 万只肉羊的规模。可实现年营业收入 9.3 亿元，税收 4000 万元，带动就业 180 人。引进公司与科右中旗合作实施包括育肥养殖、屠宰加工、市场销售等主要内容的肉牛产业项目，计划打造贯通肉牛全产业链条的“育肥牛基地 + 肉牛交易市场 + 屠宰加工 + 产品销售 + 品牌运营 + 交易中心”的全新模式。强化“保障服务”体系。加大疫病防控力度，强化养殖户保险意识，保障肉牛产业健康发展。开展动物免疫、消毒、流调等工作，采取畜禽春秋集中免疫与补免周相结合的方式，确保规模养殖场常年按程序开展免疫工作，免疫密度达 100%。强化金融服务，依托农业银行量身定制的肉牛全产业链贷款政策，累计发放贷款 6.8 亿元，惠及肉牛养殖合作社 190 家，肉牛养殖户 2400 户，肉牛企业 5 家。

第二，水稻产业高端发展。全力推进米产业“双百双千”工程，将水稻产业作为巩固脱贫攻坚成果的重点产业和发展现代农牧业的重要抓手，围绕一二三产深度融合，加快推动水稻产业全产业链发展。加快基地标准建设。围绕集中连片规模化种植，加大农田基本水利基础设施建设力度。2020 年，全旗水稻种植面积达 12 万亩，预计产量达 7 万吨，产值达 2.2 亿元。坚持品种品牌并举。围绕做优做强“兴安盟大米”品牌，借助袁隆平水稻院士专家工作站技术优势，培育具有自主知识产权的水稻新品种，袁隆平院士工作站耐盐碱水稻示范基地，平均亩产达 533.95 公斤；通过与阿里巴巴集团合作，建设了阿里巴巴淘乡甜数字农场基地，实现了品种统一、品质追溯。全旗水稻加工企业达 4 家，专业合作社达 6 家，注册本土大米品牌有“哈日道卜”“塔拉阿沐”等 10 个。推动文旅融合发展。启动实施杜尔基镇双金嘎查农业、文化、旅游三位一体景观项目，目前已投入资金 3500 万元，完成木栈道、玻璃栈道、桥梁、水渠改建、田间观光路等基础设施项目。

围绕“兴安盟大米”品牌建设，结合文化旅游、招商引资等重大节庆活动以及电商网络、网红直播等平台，积极开展形式多样的“兴安盟大米”品牌宣传活动，不断提升知名度，促进水稻产业高质量发展。

第三，马产业全产业链发展。全力打造以莱德马业为龙头的全产业链，在北部地区建设10万亩优质饲草基地，带动发展20个嘎查；在南部地区建有全国规模最大、档次最高、功能最齐全的进口马隔离场，存栏各种优质马匹达3000多匹，带动就业100余人；在中部地区建有国内唯一的1400米沙地和1600米草地双赛道及配套设施完善的赛马场，常年举办国际、国内高规格、高水平的赛事活动，带动长期就业400余人，临时就业1500余人次。同时，结合翰嘎利—五角枫4A级景区建设，大力发展观光体验、餐饮住宿业，从而形成了马匹进口、马匹繁育、牲畜交易、饲料加工、马术赛事、骑师培训、文化旅游、影视拍摄、住宿餐饮于一体的马产业示范区。

第四，蒙古族刺绣产业创新发展。将蒙古族刺绣产业与脱贫攻坚、乡村振兴相结合，采取“企业+协会+基地”的发展模式，以刺绣扶贫车间为平台，在全旗173个嘎查培训农牧民1万余人，带动2.1万余名妇女参与到刺绣产业中来，形成了52个刺绣产业嘎查，先后建成了蒙古族刺绣车间、博物馆、产业一条街等设施齐全、功能完备、效益显著的产业基地，与17家企业、用户签订2200万元直供订单，在区内外建立37家实体店，年内销售额有望突破2000万元。通过大力发展蒙古族刺绣产业，全旗2895名贫困户受益，实现人均年增收2000元，有效激发了农牧民群众内生动力，有力助推了乡村振兴进程。

第五，乡村文旅产业特色发展。借助中宣部帮扶科右中旗为契机，围绕“吃生态饭”做好“念文旅经”，以3个影视基地为重点，主动融入“乌阿海满”500公里草原旅游圈，依托“旅游+”策略，打造“疏林草原枫情马镇”科尔沁文化旅游片区龙头体验区。研究制定了《科右中旗文旅产业三年项目推进方案》，推出“1+3”生态旅游线路，规划景区景点建设项目24个，启动实施了总投资3.69亿元的文旅产业重点项目12个，其中五角枫景区、中影影视外景基地、电视剧《枫叶红了》拍摄基地、翰嘎利湖、环五角枫旅游公路、游客集散中心等建设项目相继开工建设，进一步完善景区景点配套基础设施，持续办好全国速度马冠军赛、全区休闲体育大会、全盟五角枫艺术节和乡村旅游艺术节、稻田文化艺术节等节庆活动。旅游市场进一步活跃，“十一”国庆黄金周期间，各景点接待游客20万人次，创历史新高。截至10月末，旅游人数达86.72万人次，实现旅游收入4.84亿元。

第六，蔬菜产业快速发展。启动实施湘蒙农产品加工物流园项目，目前，已完成投资3364万元，已建成围墙、路面硬化、排污管道、地磅基地部分基础设施建设。2020年，湘蒙现代农业示范园种植面积达9150亩，总产值5898万元，带动农牧民156户。

三、以生态宜居为关键，加快美丽乡村建设

第一，抓“三禁”，生态恢复成果突出。采取最严格的措施，狠抓“禁牧、禁垦、禁伐”工作，生态恢复明显，全旗沙化面积逐年缩小，已由611万亩减少到70万亩，森林覆盖率提高到18.04%，恢复比例达到88.4%，呈现出沙地长青草、盐碱地长地肤子的喜人景象。2020年10月被评为全国“绿水青山就是金山银山”实践创新基地。

第二，抓“项目”，生态治理成效显著。以生态治理重点生态工程

为主要抓手，实施国土绿化145.38万亩、退耕还林还草18万亩、水土流失综合治理20.25万亩、高效节水灌溉156万亩。特别是在中宣部的大力帮扶下，深入实施阿里巴巴“蚂蚁森林”互联网防沙治沙项目，在重点沙化地“南三苏木”成功种植柠条、沙棘5万亩。

第三，抓“产业”，生态经济效益双丰收。积极发展林果产业，实现生态与经济效益双赢。结合“南三”地区生态实际，依托上海东锦集团，发展欧李产业。目前，欧李种植面积达3680亩。

第四，抓“提质”，美丽乡村宜居宜业。大力实施美丽乡村建设行动，全面开展人居环境整治，累计出动73986人次，各类机动车辆9251辆，清理清运垃圾杂物6.45万吨，畜禽粪污等农业生产废弃物6.2万吨。全面启动“五清”行动，开发农村保洁、保绿等公益性岗位1124个，建立管护队伍，实现“门前四包”。建设垃圾填埋场201处，垃圾中转站181座，垃圾收集点185处。公共卫生厕所500处，入户厕所超过1.5万个，卫生厕所覆盖率达35.09%。

四、以乡风文明为保障，激发群众内生动力

第一，持续实施农牧民素质提升工程。通过实施“一学一带两转三改”为主要内容的新时代农牧民素质提升工程，村规民约、村民议事会、红白理事会、道德评议会、禁赌禁毒协会等“一规四会”普遍设立；高价彩礼、大操大办、封建迷信、薄养厚葬、酗酒赌博等陈规陋习得到有效治理，“婚事新办、丧事简办、余事不办”的风气逐步形成；以控烟、控酒、控盐、禁赌、禁毒为内容的“三控两禁”活动深入民心，有效激发了群众内生动力。该项工作获得了中宣部认可，在《宣传工作》

第 47 期“学习贯彻全国宣传思想工作会议精神专栏”中刊发。

第二，持续实施新时代文明实践工作。以全国文明实践试点“50+1”为目标，建成了旗级实践中心、13 个苏木镇（社区党工委）实践所、196 个嘎查（社区）文明实践站、534 个艾里级文明实践点和 1000 余个文明实践示范户“五级联动体系”，做到各文明实践所（站）有班子、有场所、有制度、有计划，逐级管理、上下联动、一体推进。分别成立了 1345 支、共 10103 人的旗、苏木镇、嘎查（社区）三级和党员干部、专业人才、社会组织三类志愿者服务队伍，重点围绕脱贫攻坚、乡村振兴，以服务群众为根本，以志愿服务为主要方式，广泛开展传思想、传政策、传道德、传文化、传技能等各类志愿服务活动。

第三，农村牧区产业指导员制度深入实施。全面加强产业发展指导员工作，组建覆盖全旗 12 个苏木镇 173 个嘎查村的产业指导员队伍 439 人，确保每个有贫困户的嘎查村至少配置 1 ~ 3 名产业指导员，每个主导产业至少设置 1 名产业指导员，实现了产业指导员对贫困户的全覆盖。在此基础上，组织专家组深入苏木镇，开展产业指导员技术培训班，累计培训产业指导员 400 余人次。年初以来，全旗产业指导员共入户指导近 6000 人次，提供产业咨询、技术指导服务 1852 人次，受益户 3000 人次。

五、以治理有效为基础，推进农村牧区综合治理

治理有效是乡村振兴的重要基础，从“管理民主”到“治理有效”，是要推进乡村治理能力和治理水平现代化。一方面，科右中旗大力实施“双书记”周例会制度。针对思想不统一、政策把握不到位、服务

群众不规范、解决问题不及时等问题，按照“四定五步六抓实”要求，在所有嘎查推行以驻村第一书记和嘎查书记共同组织召开的“双书记”周例会制度。截至目前，召开双书记周例会 106 期，17897 场次，解决问题 8439 个。切实增强了基层党组织的组织力、凝聚力、战斗力，密切了干群关系，成为推进脱贫攻坚和乡村振兴的重要抓手。该项工作已在《中国组织人事报》上刊发。另一方面，科右中旗农村牧区基层党组织建设不断增强。深入开展“基层党组织建设提升创新”专项行动，以农村牧区基层党建“1+2”制度为抓手，以规范“三会一课”“主题党日”活动等制度为目标，以“双书记”周例会为载体，结合党群服务中心建设和“最强党支部”创建工作，充分发挥党员先锋模范作用和党支部战斗堡垒作用。扎实推进网格化管理工作，压实各级党组织和责任人责任，不断提高党建引领基层治理、党员干部密切联系服务群众的水平和能力。持续巩固扫黑除恶专项斗争工作成果，建立健全嘎查“两委”成员动态清理制度，落实嘎查干部违纪违法问题协作配合联席会议制度和嘎查干部违纪违法信息移送办法，建立完善嘎查干部违纪违法信息移送、核查通报机制，实现对嘎查干部违纪违法动态化、常态化、制度化管理。

六、以生活富裕为根本，激发农村牧区发展动力

第一，农村牧区集体产权制度改革试点全面完成。作为自治区农村牧区集体产权制度改革整旗推进试点旗县，科右中旗全面完成了清产核资各项工作任务，通过了盟级和自治区级验收。全旗 173 个嘎查清查核实资产 11.84 亿元，清查登记集体土地总面积 1781.79 万亩。

第二，嘎查集体经济快速发展。2020年，整合财政涉农涉牧资金4733.73万元，扶持嘎查发展壮大集体经济，重点扶持2019年集体经济未达到5万元的14个嘎查，用于养殖小区建设及设备升级改造、农畜产品深加工、特色产业种植、嘎查产业基础设施等项目。对2019年和2020年中央、自治区重点扶持的14个嘎查，落实扶持资金125万元，集体经济项目已全部竣工。

第三，农牧业产业化龙头企业和新型农牧业经营主体同步发展。不断提高农牧业创新力、竞争力和全要素生产率，推动一二三产业融合。全旗农牧业产业化龙头企业达31家，企业总人数1650人，带动农户1.5万户4.8万人，农牧民人均增收1200元。其中，自治区级龙头企业7家、盟级龙头企业7家，销售收入百万元以上的农畜产品加工企业20家，有机食品生产能力达12万吨。现有“二龙屯”“阿希达”“沁格格”“金格乐”等105个商标。全旗各类专业合作社1547家，其中，盟级示范社19个、自治区示范社13个、盟级规范社121个、国家级合作社2个。认定家庭农牧场566家，其中，盟级示范家庭农牧场35家、自治区级示范家庭农牧场11家。科右中旗被评定为自治区农业社会化服务示范旗县。

专家点评

产业兴旺、生态宜居、乡风文明、治理有效、生活富裕，“二十个字”的总要求，反映了乡村振兴战略的丰富内涵。科右中旗强化组织领导、以产业兴旺为重点、以生态宜居为关键、以乡风文明为保障、以治理有效为基础、以生活富裕为根本推进乡村振兴。中国特色社会主义进入了新时代，社会主要矛盾、农业主要矛盾发生了很大变化，广大农民群众有更高的期待。产业兴旺反映了农业农村经济适应市场需求变化、加快优化升级、促进产业融合的新要求。生态宜居反映了农村生态文明建设质的提升，体现了广大农民群众对建设美丽家园的追求。乡风文明重点是弘扬社会主义核心价值观，保护和传承农村优秀传统文化，加强农村公共文化建设，开展移风易俗，改善农民精神风貌，提高乡村社会文明程度。治理有效是要推进乡村治理能力和治理水平现代化，让农村既充满活力又和谐有序。生活富裕反映了广大农民群众日益增长的美好生活需要。

实施乡村振兴战略是一项长期而艰巨的任务，要遵循乡村建设规律，着眼长远谋定而后动。科右中旗坚持科学规划，聚焦阶段任务，找准突破口，排出优先序，一件事情接着一件事情办，一年接着一年干，久久为功。党中央已经明确了乡村振兴的顶层设计，各地要解决好落地问题，制定出符合自身实际的实施方案。编制村庄规划不能简单照搬城镇规划，更不能搞一个模子套到底。要科学把握乡村的差异性，因村制宜，精准施策，打造各具特色的现代版“富春山居图”，不断推动农业全面升级、农村全面进步、农民全面发展，让农业成为有奔头的产业，让农村成为安居乐业的家园，让农民成为有吸引力的职业。

岭上花园阿里河助力乡村振兴

——内蒙古自治区呼伦贝尔市鄂伦春自治旗乡村振兴实践案例

背景导读

鄂伦春自治旗成立于1951年，1952年改设自治旗，是我国最早成立的少数民族自治旗。全旗总面积59880平方公里，是内蒙古自治区呼伦贝尔市面积最大的旗市。辖10个乡镇、82个行政村、33个社区。境内驻有内蒙古自治区大兴安岭重点国有林管理局所属的6个林业局、呼伦贝尔农垦集团大兴安岭垦区及所属的4个国营农场、黑龙江省大兴安岭农工商联合公司。全旗户籍总人口24.07万人，居住着汉族、蒙古族、鄂伦春族等25个民族，少数民族人口3.07万人（其中鄂伦春族3017人），占总人口的12.5%。“鄂伦春”系鄂伦春语，意为“山岭上的人”。鄂伦春自治旗是“鲜卑民族发祥地”“狩猎之乡”，素有“北国碧玉”“绿色净土”之美誉，是国家重点生态功能区、优质粮生产基地、绿色农业示范区和内蒙古自治区粮食安全生产先进旗、旅游重点旗、革命老区。2021年1月，鄂伦春自治旗被国家民委命名为“第八批全国民族团结进步示范单位”。

基本做法

2011年，鄂伦春自治旗被列为国家级贫困县；2020年，历史性地实现了脱贫摘帽。2021年5月，经中央农村工作领导小组批准同意，内蒙古自治区呼伦贝尔市鄂伦春自治旗被确定为国家乡村振兴重点帮扶旗县，是全国160个国家乡村振兴重点帮扶旗县之一。2021年底，鄂伦春自治旗有50个重点帮扶村和5个示范村。进入新发展阶段，鄂伦春自治旗认真贯彻习近平总书记关于巩固拓展脱贫攻坚成果同乡村振兴有效衔接的指示要求，紧紧围绕巩固拓展脱贫攻坚成果、推进乡村全面振兴、加强农村低收入人口常态化帮扶这三项重点任务，坚持五年过渡期，保持现有主要帮扶政策总体稳定，通过聚力谋划产业项目这个固本长效之策，不断巩固提升脱贫成效，推进乡村振兴战略实施。

一、做实产业兴旺文章，全力打造乡村特色产业

呼伦贝尔市是国家重点生态功能区，鄂伦春自治旗处在功能区的核心，生态地位十分重要，加之“能耗双控”要求日趋严格，靠传统的高能耗产业拉动经济增长在该旗已无可能，只有坚定不移地把“两山”理论作为指导思想和工作原则，依托京蒙协作，切实打通绿水青山通向金山银山的正确途径，依托生态资源优势大力发展生态绿色产业，实现乡村振兴和经济社会全面发展，才是鄂伦春自治旗高质量发展的根本出路。依托该旗资源禀赋，以建设“岭上花园阿里河”为引

擎，全力推进优势特色产业做大做强，逐步形成支柱性产业。

第一，全力发展农畜产业深加工产业。抓好农林产业前端科研工作站建设，引进前沿科技专家和院校，为产业发展提供支撑，以“产学研”一体孵化基地为建设方向，围绕建设国家级绿色农业示范区，依托龙头企业抓好“豆、肉、薯、菌、药、果”等原料基地建设，走龙头企业 + 基地 + 农户的产业化模式，延长农副产品加工的产业链，提高附加值。积极培育农副产品加工龙头企业，重点支持大豆、马铃薯、蓝莓、食用菌、中药制药等特色农产品加工业发展，依靠科技创新，着力提升产业规模和产品质量，积极开发新产品，培育名优品牌，提高附加值和市场竞争力。同时，下决心改变农业粗放的生产方式，牢固树立和践行绿水青山就是金山银山的理念，完善绿色发展的政策支撑体系，继续实施耕地轮作休耕制度试点工作，加强农作物病虫害绿色防控技术应用，深入开展统防统治，减少化肥农药的过量使用，推进农业废弃物资源化利用，坚决打赢农业面源污染防治攻坚战，不断改善农村生产生活生态环境，让农业强、农村美、农民富。

第二，全力打造鄂伦春文化旅游产业。依托阿里河镇良好的区位优势、资源优势和文化底蕴，以建设“岭上花园阿里河”为突破口，以建设中国最美花园城市为目标，把城市当景区建设、当景区经营，力争用 3 至 5 年时间，把阿里河镇打造成为享誉全国的旅游目的地和游客集散地，以点带线、以线带面，形成以阿里河带动域内外各景区的辐射网，拉动全旗旅游经济产业实现大发展。同时，加强宣传，打通知名度。聘请专业营销策划团队，拍摄旅游文化宣传片，扩大影响力。加强京蒙帮扶合作，并借助京蒙帮扶合作平台，强力宣传鄂伦春旗特色少数民族文化，探索文化互通交流方式，支持文艺团体互访演出、相互举办展览、开展艺术交流，扩宽宣传渠道。

第三，全力做强做大优势特色产业。鄂伦春旗位于大兴安岭南麓、嫩江西岸，生态环境优良，自然资源丰富，发挥利用好资源优势，打造发展好优势产业，巩固拓展好脱贫成果，推进提升好乡村振兴，自治旗现已专门成立了矿泉水、食用菌、中草药、紫苏等7个“专项推进组”全面发力，力争把优势产业做大做强。在矿泉水产业方面，把打造高端定制水产业作为今后发展方向，从而实现跨越式发展。在食用菌产业方面，积极争取上级产业化项目和特色产业发展项目，力争在五年内实现食用菌栽培达到5000万袋。在中草药产业方面，全力打造国家级蒙药道地药材示范基地，明确10种适宜当地的中草药品种，申报道地药材名特优新农产品5种，申报道地药材原产地5种，力争五年内种植面积发展到10万~15万亩。在紫苏产业方面，力争五年内紫苏种植面积达30万亩，实施紫苏产业研学及精深加工项目，研发更多特色紫苏产品。把矿泉水产业打造成鄂伦春旗生态支柱型产业。

第四，打造电商经济体系。旗委、政府深刻认识到，电商经济是促进经济发展、增加百姓收入、实现乡村振兴的重要经济模式，已经日益成为拉动消费需求、促进传统产业升级、发展现代服务业的重要引擎。北京市西城区是京蒙协作对口帮扶该旗的单位，已将逐渐打造完整科学的电商经济体系列入重点帮扶项目。

二、营造生态宜居环境，全力改善乡村整体面貌

第一，补齐基础设施短板。持续推进旗域教育、卫生、医疗等基本公共服务一体化发展，提升公共服务质量。加快村庄规划编制，因

地制宜、详略得当规划村庄发展，做到与当地经济水平和群众需要相适应。持续抓好“四好农村路”建设，加快托扎敏乡至巴日嘎里、乌鲁布铁至新帐房、克一河至托河林场三级公路建设，推进大杨树至跃进林场农村公路提质改造工程尽早开工建设。继续开展农村电网升级改造，实施诺敏河、大杨树、库勒奇、宜里地区配电网改造项目。实施农村通信基础设施建设项目，实现全旗各村屯信号全覆盖。

第二，扎实开展乡村建设行动。接续提升农村人居环境，深入实施农村改厕，抓好改厕问题整改，按照摸排整改工作档案，逐户推进整改，确保底数清，整改到位，确保改一户、成一户、用一户、好一户。加快农村生活污水治理项目施工手续办理，完善农村生活垃圾治理、收储运、处理体系，建设村级垃圾处理点，自治旗目前已建成阿里河镇、大杨树镇、甘河镇3座无害化垃圾填埋场，其余乡镇垃圾处理方式为自然堆放或填埋，诺敏镇垃圾填埋场正在建设，乌鲁布铁镇、吉文镇、克一河镇、宜里镇垃圾填埋场已列入“十四五”建设计划。扎实推进村庄清洁、乡村绿化行动，推动村容村貌持续提升，建立健全村级有制度、有标准、有队伍、有督查、有经费的长效管护机制。广泛开展“美丽庭院”评比等活动。有序开展畜禽粪污综合利用工作。稳步推进畜禽粪污资源化利用，支持老旧养殖场升级改造，配套相关粪污处理设施，项目建成后预期实现畜禽粪污综合利用率大于等于75%，形成整县推进畜禽粪污资源化利用的良好格局。

第三，落实好支持农村发展政策。对接金融部门，支持符合条件的家庭农场、农民合作社等享受小微企业贷款优惠政策。加大村集体经济减税降费政策、小微企业普惠性税收优惠政策、农业生产者自产农产品免税等有关税收政策宣传，推动税收支农政策落实。

三、推进乡风文明建设，全力培养乡村文明风尚

第一，广泛开展乡村精神文明创建活动，提升乡村社会文明程度。深入开展全国、自治区和市级文明村镇创建工作，抓好“文明家庭”选树和道德模范、新时代好少年等推选工作，通过广泛开展以讲文明、讲科学、讲卫生、树新风为主要内容的“三讲一树”活动，开展创建各种形式的文明户、文明村、文明企业、文明市场、文明城镇活动，开展创建和谐家庭、和谐村组、和谐村镇活动，巩固发展多层次多样化的乡村精神文明创建工作格局。同时，加强身边典型宣传力度，带动村民整体素质提升。

第二，切实加强农村公共文化建设，增强农村公共文化服务能力。2021 年底，全旗共有公共图书馆 1 座，文化艺术类机构 1 个，文化馆 1 个，文体广电服务中心 10 个，博物馆 1 个，档案馆 1 个，广播电台 1 座，广播电视站 5 个，体育馆 1 个，村级文化活动室 82 个。各行政村均已建成标准的基层综合文化服务中心，并配有标准的文化设备和文化管理员。要加大对管理人员的培训力度，加强对文化服务场所的日常管理，保证面向群众开放和服务的质量。同时，要持续加大对乡村公共文化事业的投入，文化资源继续向乡村倾斜，构建乡村文化服务体系。

第三，努力推进农村思想道德建设，提高农民群众综合素质。发挥乡村“学习讲堂”“草原学习轻骑兵”等阵地和队伍作用，坚持不懈进行党的基本理论、基本路线、基本纲领教育，进行爱国主义、集体主义、社会主义教育，引导农猎民群众坚定走中国特色社会主义道路的理想信念。大力弘扬民族精神，铸牢中华民族共同体意识，引导农

猎民群众增强发展意识、效率意识、竞争意识，使村村谋发展、家家忙致富、人人思创业蔚然成风。深入开展民主法治教育，帮助农猎民群众增强法治观念，提高法律素质。推动实施公民道德建设工程，以诚实守信为重点，积极倡导社会公德、职业道德、家庭美德，促进乡村形成团结互助、扶贫济困、平等友爱、融洽和谐的良好风尚。

第四，积极发展农村群众文化，丰富农村精神文化生活。培育发展内容积极健康、形式多姿多彩、风格清新质朴、具有浓厚乡土气息的农村群众文化。按照业余自愿、形式多样、健康有益的要求，鼓励支持村居组织秧歌队、广场舞队、器乐演奏等各种形式的村民自办文化乡村文体团队，积极参加开展文艺演出、体育健身等文体活动，发掘开展鄂伦春等民族民间文化艺术团，打造特色文化品牌，支持他们扎根民间、深入农村、服务农民，传承民间艺术，传播有益文化。依托旗乌兰牧骑等专业团队，继续深入开展下乡演出，把多姿多彩的文化产品和文化服务送到乡村。

四、提升治理有效水平，全力完善乡村治理体系

第一，选优班子、建强队伍。强化“头雁”培育，实施村党组织带头人整体优化提升行动，以村级组织换届为契机，着重从乡村带头致富能人、返乡创业人才等优秀人才中选拔党支部书记，真正把有担当、能尽责、懂经营、善治理的优秀人才选上来，82 个村全部实现村党组织书记、村民委员会主任“一肩挑”，切实加强了村党组织对乡村治理的领导。实施农村党组织书记“头雁工程”创建活动，82 名村党支部书记推出年度培优项目 30 个、一般推进项目 52 个。同时，继续

选派优秀机关干部担任村“第一书记”，实现全覆盖，并加大优秀“第一书记”的使用力度，为优秀人才进步成长提供平台。同时，完善《鄂伦春自治旗村级干部考核评价办法》，健全绩效考核、述职评议、约谈整顿等工作机制，每年开展一次村党组织书记公开述职，接受群众评议监督，切实提升村党支部书记抓乡村治理的责任意识。

第二，引才聚才、优化保障。鼓励、吸引素质好、能力强的大学毕业生返乡任职，做好教育培养。注重从致富能手、乡土人才中培养村级后备力量。壮大党员队伍，把年富力强、有一定经济头脑、具备一定科技文化知识、懂得经营管理的在乡知识青年、退伍军人、外出务工经商人员发展成为党员，逐步提高后备干部数量和质量。继续开展“一村一名大学生”人才引进工作，以落实事业编的方式，公开招聘 82 名全日制大学学历人员到农村工作，实现每村配备一名大学生村干部的目标，为全面推进乡村振兴储备人才。

第三，加强培训、提升素质。依托党校（行政学院）、党群服务中心、新时代文明实践中心、远程教育网络等培训主阵地，充分发挥党务干部、理论专家、技能人才的授课资源，大规模开展党支部书记、“第一书记”、“两委”成员、驻村干部、致富能手、普通党员等不同群体的学习培训，不断提高村级组织带头人和党员的整体素质，提升致富带富能力。

五、夯实生活富裕基础，全力带动乡村致富步伐

第一，持续巩固提升脱贫攻坚成效。把巩固拓展脱贫攻坚成果同乡村振兴有效衔接摆在重要突出位置，坚持“四个不摘”工作要求，保持

5 年过渡期内政策稳定。持续完善防止返贫动态监测和帮扶机制，建立农村低收入人口常态化帮扶机制，防止规模性返贫和新致贫情况发生。

第二，持续增强农民发展内生动力。开展就业创业技术技能培训，促进农猎民稳岗就业。开展农村实用人才、致富带头人培训，探索开展专门面向农民的技能大赛，选树一批乡村农业生产技术能手，为乡村振兴打好人才基础。同时，新媒体要做好宣传工作，讲述好农业农村新人新事，宣传好、传播好乡村振兴时代强音，营造良好发展氛围。

第三，持续拓展农猎民增收渠道。继续推广“龙头企业 + 合作社 + 农户”组织方式，建立完善“订单收购 + 分红”等利益联结机制，带动更多农猎户把各类资源要素以股份合作等方式投入农牧业产业发展中，提升农猎民收入。健全农村集体经济组织各项制度，加强村集体合作社示范社创建，确保村集体经济收入稳定。深化东西部扶贫协作、京蒙协作，开展扶贫产品推介，进一步开拓消费市场。支持猎区乡镇开发民俗旅游，打造实体民族旅游村，大力发展乡村旅游、休闲农业、文化体验、健康养老、电子商务等新型业态，创造更多的就业机会，让农猎民更多分享产业链条上的增值收益。

第四，加大专业技术人才的培养力度。依托京蒙协作契机，与北京市西城区建立健全人才交流合作长效机制，采取订单培训、挂职锻炼等方式，积极选派骨干教师、医生和专业型、技术型人才赴京跟岗培训，着力提升各专业人才自身素质，为乡村公共服务和产业发展培养专业人员。培育新型职业农民，让乡土人才成长起来，涌现出更多更好的“田秀才”“土专家”“乡创客”。同时，贯彻落实好相关政策，特别是国务院印发的《关于支持返乡下乡人员创业创新促进农村一二三产业融合发展的意见》，引导更多青年人返乡下乡创业，给予他们资金、税收等方面的政策扶持，吸引其扎根农村，成为带动村民共同致富的中坚力量。

专家点评

实现乡村振兴离不开高质量发展。习近平总书记指出：“高质量发展不只是一个经济要求，而是对经济社会发展方方面面的总要求；不是只对经济发达地区的要求，而是所有地区发展都必须贯彻的要求；不是一时一事的要求，而是必须长期坚持的要求。”每一个地区都要因地制宜找到适合本地区的高质量发展之路。鄂伦春自治旗处在国家重点生态功能区的核心区域，生态地位十分重要，生态资源优势明显，要始终坚持保护生态环境就是保护生产力，改善生态环境就是发展生产力。党的十八大把生态文明建设纳入中国特色社会主义事业“五位一体”总体布局，明确提出大力推进生态文明建设，努力建设美丽中国，实现中华民族永续发展。这标志着我们对中国特色社会主义规律认识的进一步深化，表明了我们加强生态文明建设的坚定意志和坚强决心，也为鄂伦春自治旗指明了发展的方向。

鄂伦春自治旗手握“北国碧玉”，脚踏“绿色净土”，不能“捧着金饭碗去要饭”。鄂伦春自治旗只要坚定不移地把“两山”理论作为指导思想和工作原则，切实打通绿水青山通向金山银山的正确途径，依托生态资源优势大力发展生态绿色产业，就一定能实现乡村振兴和经济社会全面发展，也一定能找到鄂伦春自治旗实现高质量发展的正确道路，岭上花园阿里河一定会助力鄂伦春自治旗实现乡村振兴。

铆足“牛”劲强基础 “畜”势待发谋振兴

——宁夏回族自治区固原市原州区乡村振兴实践案例

背景导读

宁夏原州，历史文化悠久，新石器时代就有以原始农业为主的氏族部落在此繁衍生息。古丝绸之路横跨境内，是古丝绸之路东段北道必经之地，也是草原游牧文化和中原农耕文化的结合带，至今已有2300多年的历史。脱贫攻坚期间，牛产业是原州区农业增效、农民增收、农村经济发展的重要动力。如今为推动脱贫攻坚同乡村振兴有效衔接，原州区高点谋划，高位推动，高效落实，牛产业“畜”势待发。

基本做法

一、因地制宜，一张蓝图铺就发展长效路

多年来，原州区通过实施产业发展项目，狠抓基础设施建设、基

础母牛扩栏、良种技术推广和饲草基地建设等重要环节，推动草畜产业扩规模、增效益，逐步形成了家家种草、户户养畜的发展格局，建成万头肉牛养殖乡镇8个，千头高效肉牛养殖示范村52个，培育规模养殖场39家（其中肉牛规模养殖场20家），发展各类养殖合作社413个，肉牛交易经纪人200人以上，10头以上的肉牛养殖大户4977户，肉牛规模养殖比例达到38%。

尽管牛产业已初具规模，但在发展过程中还存在牛的品种单一、饲养过于分散、产品附加值低等诸多短板弱项。党的十九大报告提出实施乡村振兴战略，把产业兴旺放在了首位，这不仅因为产业支撑是乡村振兴的基础，还在于在市场条件下乡村产业兴旺的艰巨性和复杂性。为此，原州区把加快牛产业发展作为调结构、转方式、补短板、促致富的重要举措，按照“以牛为主、多畜并举、扩大总量、提升质量”的发展思路，立足区情和资源禀赋，首先在牛产业上“谋篇布局”，坚持以“散养户 + 基本户 + 家庭农场 + 规模养殖场”的主体布局，在东部黄土丘陵区和南部阴湿区扩大青贮玉米、优质牧草种植面积，走“家家种草、户户养畜、自繁自育、适度规模”的发展路子；在北部清水河谷川道区加大肉牛养殖示范基地建设，大力推进肉牛养殖规模化、标准化，目前，全区牛饲养量达到25万头，存栏16.4万头，出栏8.6万头，预计今年年底牛饲养量达到29万头，产值达到16.03亿元。同时在牛产业上“因势利导”，加大政策倾斜、以奖代补、先建后补、科技支撑等措施落实，狠抓产业到户、见犊补母、饲草调制等项目实施，规模化发展程度持续提高。

二、筑巢引凤，政企合力共建发展新引擎

发展牛产业是原州区打赢脱贫攻坚战的重要抓手，也是原州区在全面推进乡村振兴战略中不可或缺的支柱产业。如何让原州“牛”变成“金牛”，让农民的“钱袋子”鼓出更多的获得感、幸福感，吸引社会投资、助力乡村振兴是长远之策。为此，原州区抢抓“闽宁对口协作”的历史机遇，把“多方力量共同参与，优势互补，弥补个体经营的局限性或不足，增强、优化农业发展的条件，拓展农业的潜力与功能”作为突破口来谋划牛产业。2019 年 4 月，通过宁夏、福建各级党委和政府及中国农业大学、福建农林大学的大力支持，融侨丰霖（宁夏）肉牛生态产业园在原州区落地投产。

第一，政府搭台，企业唱戏，解决了原州区牛产业“量”到“质”的提升。作为国内单体面积最大的高标准肉牛生态产业园，融侨丰霖（宁夏）肉牛生态产业园致力于一二三产融合、农牧循环、绿色发展，采取“公司 + 合作社 + 合作牧场 + 家庭农场”的运营模式，鼓励更多的农户、企业成为合作的主人，形成产业集群，促进了乡村振兴。产业园总投资约 10 亿元人民币，占地面积 12000 余亩，其中种植区 10000 亩，养殖区 1200 亩，屠宰加工及研发区 300 亩，肉牛文化展示区 600 亩。

第二，政府搭台，企业唱戏，解决了原州区牛产业“思路”到“发展”的契合。融侨丰霖（宁夏）肉牛生态产业园以推动原州区乃至固原市肉牛产业向标准化、融合化、高端化为发展远景，以拓宽“人才乡土化、产业持久化、利益农户化”为发展路径，以“一二三产业融

合发展”和“粮改饲结构调整”为发展动能，通过展示销售、加工转化、培训孵化、旅游休闲、物流配送、帮扶带动“六大功能”，对于助推原州肉牛产业转型升级、带动农民增收致富将起到举足轻重的作用。

第三，政府搭台，企业唱戏，解决了原州区牛产业“粗放”到“精深”的转变。目前宁夏固原肉牛产业技术研究中心落户融侨丰霖（宁夏）肉牛生态产业园，标志着产业园进入了一个崭新的发展阶段，在项目立项、平台建设、人才培养、扶持政策等方面将得到全力的支持。为做好“接二连三”工作，生态产业园新建牛肉加工厂，按照国际一流标准建设，采用国内先进生产设备，以订单方式生产。“通过精深加工，一头牛利润可增加20%，让农户多赚2000元。”融侨丰霖（宁夏）肉牛生态产业园负责人介绍，加工不仅增加牛肉保质期，还延长牛肉产品销售周期，促进牛肉从“卖产品”向“卖品牌”转变，解决当地肉牛产业发展无龙头骨干企业引领、产业链不全、产业大而散的现状，推进肉牛产业从低端化向高端化快速迈进，带动养牛户参与到产业开发中，促进农业产业稳步发展。

三、优势引领，多措并举突出发展高质量

发展特色产业要遵守做精做强的原则，要在“特”字上下功夫，不盲目扩张面积和产量，要“少而精”“精而强”，不靠数量取胜，而靠品质、靠特色取胜，这符合国家农业供给侧结构性改革的方向，也符合农民增收的需要。“十四五”期间，原州区以气候冷凉、光照充足、绿色无污染等天然条件，强调环境特色、资源特色和气候特色，打出牛产业的生态牌。

第一，抓良种繁育。全区现已建成肉牛冷配改良站（点）63个，实现全区所有行政村全覆盖；先后引进了西门塔尔、夏洛莱、安格斯等良种肉牛冻精改良本地黄牛，年冷配改良肉牛4万头以上，肉牛良种覆盖率达到95%以上。从新西兰进口纯种黑安格斯基础母牛4180头，通过纯种繁育，提升肉牛品质。认真落实基础母畜奖补政策，提高养殖户养殖母畜的积极性，扩大基础母畜、后备母畜比例，形成了母畜比重高、出栏扩大、周转快速、持续发展的畜群结构。

第二，抓品牌影响。按照“统一规划、统一形象、统一推介”的原则，集中打造“固原黄牛”地理标志和“原洲源味”区域公用品牌，引领肉牛产业高质量发展。加快营销体系建设，在固原城区建设牛肉直销店31个，在上海、福州、西安等大中城市建设固原黄牛肉体验店8个，“固原黄牛”品牌影响力不断扩大。

第三，抓设施建设。积极引导广大农民扩大优质饲草种植面积，建立多元化饲草基地，全区多年生牧草留床面积达70万亩，每年一年生禾草种植稳定在20万亩以上，地膜玉米35万亩以上，为全区草畜业发展奠定了坚实的物质基础。通过“以奖代补”政策扶持，累计建设标准化暖棚圈舍3.1万栋，青贮池21万立方米，购置铡草机4.2万台，完成“见犊补母”7.8万头，建档立卡脱贫户补栏基础母牛6.5万头，母羊6.6万只。

第四，抓循环利用。加快推进畜禽养殖废弃物资源化利用，建成有机肥厂4家，对全区39家畜禽规模养殖场全部配套堆粪场等粪污处理设施，全区规模养殖场粪污设施配套率达到100%，粪污利用率达到95%。全面完成了禁养区划定工作，并依规对禁养区内6家规模养殖场进行了关闭搬迁。

第五，抓科技服务。依托区乡村三级346名畜牧兽医技术人员，以规模养殖场和养殖园区为重点，集成推广了高效繁殖、节本增效、精准化养殖、智能化管理等先进技术，草畜产业科技支撑能力明显增强。母牛低成本养殖技术达到国内先进水平，饲草料青贮、氨化、黄贮等加工调制技术得到全面普及推广，利用率达到85%以上。

目前，原州区牛产业新格局正在形成，不仅打通了“牛”产业增收致富路，更是成为全区乡村振兴的新“引擎”。从增收效果看，牛产业项目可以通过土地流转、饲草种植、合作代养等多种方式建立有效的利益联结机制，并通过直接或间接就业机会增加农民务工收入，多方位推动脱贫户特别是易地扶贫搬迁户稳定增收，巩固脱贫攻坚成果。从社会效果看，经过多年发展，原州区牛产业整体质量得到有效提升，完整的牛产业链逐步形成，对于实现产业兴旺、乡村振兴，实现牛产业高质量发展意义深远。

专家点评

巩固拓展脱贫攻坚成果，有效衔接乡村振兴战略，产业振兴是“关键点”。产业要兴旺，就必须因地制宜开发特色产业。要立足当地资源，宜农则农、宜林则林、宜牧则牧、宜商则商、宜游则游，通过扶持发展特色产业，实现产业兴旺。宁夏原州区按照“以牛为主、多畜并举、扩大总量、提升质量”的发展思路，立足区情和资源禀赋，首先在牛产业上“谋篇布局”。产业兴旺是实现乡村振兴的根本之策，但现在大部分地区产业发展措施比较重视短平快，考虑长期效益、稳定增收不够，很难做到长期有效。在这方面，宁夏原州区因地制宜发展牛产业的做法值得借鉴。加大产业推动乡村振兴工作力度，关键是要激发企业投资的积极性，使企业愿意来、留得住。一个地方必须有产业，才能筑牢经济持续健康发展和人民幸福安康的根基。

产业要兴旺，必须与农业供给侧结构性改革结合起来，狠抓产品质量，走高质量发展之路。当前，老百姓对农畜产品供给的最大关切是吃得安全、吃得放心。农业供给侧结构性改革要围绕这个问题多做文章。要把增加优质农畜产品供给放在突出位置，狠抓农畜产品标准化生产、品牌创建、质量安全监管，推动质量兴农、兴畜。宁夏原州区按照“统一规划、统一形象、统一推介”的原则，集中打造“固原黄牛”地理标志和“原洲源味”区域公用品牌，引领肉牛产业高质量发展。质量就是效益，质量就是竞争力，我国农业农村发展已进入新的历史阶段，农业的主要矛盾由总量不足转变为结构性矛盾、矛盾的主要方面在供给侧，必须深入推进农业供给侧结构性改革，要坚持市场需求导向，主攻农业供给质量，注重可持续发展。要做好“特”字文章，加快培育优势特色农业，打造高品质、有口碑的农牧业“金字招牌”。实现质量兴农，既要产得出、产得优，也要卖得出、卖得好。要学会给农畜产品梳妆打扮和营销宣传，加强农畜产品产后分级、包装、仓储、物流、营销，特别是要加快补上冷链物流等短板，推进农产品流通现代化，在提高农业综合效益上做足文章。

做好脱贫攻坚与乡村振兴的有效衔接

——陕西省渭南市合阳县乡村振兴实践案例

背景导读

合阳古称“有莘国”，位于渭南市东北部、黄河西岸，辖 11 个镇 1 个街道办事处，215 个行政村（社区），总面积 1437 平方公里，总人口 51 万。合阳县是国家生态示范县、国家卫生县城、国家园林县城、全国文明城市提名城市、全国农村集体产权制度改革整县推进试点县、全国易地扶贫搬迁成效明显县、全国“四好农村路”示范县。

合阳县的文化资源非常丰富，第一是诗经文化之乡。中国第一部诗歌总集——《诗经》的开篇之作“关关雎鸠，在河之洲，窈窕淑女，君子好逑”就诞生于合阳，《诗经》305 篇中，有 30 多篇都是出自或者描写合阳的。第二是烹饪厨祖之乡。厨师始祖、商代著名贤相——伊尹就是合阳人，他创立的“火候论”“五味调和论”，奠定了中华美食的起源和基础。由中国烹饪协会牵头举办的厨祖伊尹祭拜仪式，每年固定在合阳举行。第三是中国民间文化之乡。合阳的提线木偶是长江以北至今保存最为完整的悬丝傀儡戏，合阳踅面是中国最早的方便面，合阳面花更是把陕西面食做成了工艺品。同时，合阳还是民国著名高僧、佛教净土宗第十三代祖师、被弘一法师誉为“佛教300年来仅此一人”的印光法师的故里。第四是中国红提葡萄之乡。合阳现代农业条件优越，全县果业面积61万亩，其中红提葡萄20万亩，奶牛存栏3.2万头，水产品产量4.5万吨，“合阳红提”跻身中国果品区域公用品牌50强，是国家电子商务进农村示范县、国家无公害水果生产基地县、国家标准化水产养殖示范县、全国渔业健康养殖示范县。合阳县发展成绩显著，2021年，全县生产总值完成123.91亿元，增长8.6%；地方财政收入完成3.36亿元，增长46.1%；城乡居民人均可支配收入分别达到37976元和14768元，分别增长6.7%和10.9%。

2021年以来，合阳县深入学习贯彻习近平总书记关于“三农”工作的重要论述，全面落实中央和省市乡村振兴决策部署，以建设乡村振兴先行区为统揽，以巩固脱贫成果为根本，以改善人居环境为关键，以深化农村改革为突破，勇当排头兵，创建示范县，乡村振兴全面推进、全域推动。合阳荣获全国村庄清洁行动先进县、全国数字乡村发展先进县、全国农业科技现代化先行县、全国乡村建设评价样本县、全国水系连通水美乡村建设试点县、全国农民合作社质量提升整县推进试点县、全国农业社会化服务创新试点县、全省乡村振兴示范县、全省农村人居环境整治三年行动先进县等荣誉。在乡村振兴实业中，合阳县基本形成了乡村振兴“五大品牌”。一是美丽乡村品牌。做实美丽环境、美丽公路、美丽村庄、美丽民居、美丽文化“五美文章”，建成省市级美丽宜居示范村39个、样板村56个、达标村94个，创建美丽庭院3.6万户。二是乡风文明品牌。坚持“五堂共建”，创建全国“百县万村综合文化服务中心示范点”11个，申创省市级文明单位72

个，新时代文明实践体系覆盖县镇村，合阳列入陕西省婚俗改革试点县。三是关中民居品牌。传承保护国家和省级传统村落26个，建设关中民居样板房230个，较好地保护和传承了关中民居风格。四是基层治理品牌。深化农村“小微权力”清单制度，建强乡村网格化管理机制，全面推行“一核四会”乡村治理体系。坊镇获全国乡村治理示范镇，城关街道白灵村获全国乡村治理示范村，坊镇灵泉村获全国民主法治示范村，黑池镇五丰社区被确认为全国协商议事创新试点村。五是农村改革品牌。深入推进系统集成深化农村改革省级试点，《人民日报》报道《合阳：以改革激发乡村振兴活力》《以深化改革为突破拓宽乡村振兴之路》案例被列为农业农村部典型，“沟北模式”在全省推广。

基本做法

近年来，合阳县紧扣“产业兴旺、生态宜居、乡风文明、治理有效、生活富裕”总方针，牢固树立新发展理念，落实高质量发展要求，结合域情实际，坚持问题导向，聚焦难题发力，推动巩固拓展脱贫攻坚成果与乡村振兴有效衔接，高起点谋划、高标准实施，扎实推动乡村振兴工作取得新进展。

一、坚持以目标为引领，凝聚乡村振兴强大合力

五年过渡期，合阳县提早谋划、精心部署，以“三个落实”为重点，高起点谋划、高标准实施、高质量推进巩固脱贫攻坚成果同乡村振兴有效衔接。

第一，精准落实责任。贯彻“市县抓落实”总要求，成立县委书记任第一组长、县长任组长的县委实施乡村振兴战略领导小组和巩固拓展脱贫攻坚成果同乡村振兴有效衔接工作领导小组。坚持书记、县长任片长，人大常委会主任、政协主席任督导，下沉一线，按区督查。推行县级领导兼任镇街第一书记、包联易地扶贫搬迁安置点，部门单位包抓村（社区），县级领导每周到包联镇办下乡一次，部门领导每周到包联村解决问题。选派后备干部组建乡村振兴工作队，共向全县 215 个村（社区）和 7 个易地搬迁安置点派驻第一书记和工作队员 314 人、乡村振兴指导员 100 人。

第二，精确落实政策。全面落实产业扶持、消费帮扶、稳岗就业、健康服务、教育资助、兜底保障等各项政策。共发放小额贴息贷款 5414 万元、产业直补资金 223 万元，扶持 3627 户脱贫户发展产业 2.3 万亩；举办各类优势农产品推介活动 50 场次，设立专馆、专区、专柜 66 个，销售额达 1.96 亿元；开发扶贫专岗 2412 个，转移脱贫劳动力 5.34 万人；脱贫户家庭医生签约服务率、脱贫人口参保率、慢性病救治率、大病覆盖率均达 100%；累计发放困难学生资助金 1142 万元，困难大学生助学贷款 1962 万元；向 3.5 万名困难群众发放救助补助金 7828.9 万元。

第三，精细落实工作。成立防返贫动态监测和帮扶工作专班，组建 5622 人网格员队伍，逐村建立监测台账，逐户分类细化帮扶，排查“三类人员”154 户 448 人，全部落实帮扶措施，实现网格监测全覆盖、部门监测全领域、电话监测全时段、党员监测全过程。对国家和省市历次反馈问题，实行清单式管理、台账式销号，103 个问题全部整改到位。整合涉农资金 3.45 亿元，实施项目 316 个，完工 308 个。深化系统集成深化农村改革省级试点，集体经济空壳村全清零，20个示范村收入突破50万元，合阳列入第二批全国农村集体产权制度改革试点典型单位。

二、以产业强支撑，夯实乡村振兴发展基础

产业是乡村振兴的支撑、关键和根本。合阳县坚持把推进产业兴旺作为“牛鼻子”，用心用力，紧抓不放，以产业兴旺带动乡村振兴。

第一，实施耕地粮地保护工程。明确各级党政同责、终身追责的责任，把基本农田保护的任务分解到镇、到村、到田块，决不允许在基本农田、高标准农田中新栽经济林、新建鱼池荷塘，下茬整治耕地弃耕、撂荒现象，扎实开展小麦条锈病、白粉病等病虫害防控，全力推进高标准农田建设，确保粮食生产安全。全年投资7410万元，建设高标准农田6.76万亩，新增粮食面积2万余亩，粮食播种面积达到78万亩，产量达到28万吨，主要农作物良种覆盖率100%，耕种收机械化率96.3%，合阳旱地小麦品种育繁推一体化成为陕西旱地小麦良种繁育的一张名片。

第二，实施特色产业提升工程。把产业发展的重点放在提升设施水平、提升科技能力、提升产业质量、提升品牌影响力上，千方百计地优结构、提质量、增效益、促增收。首位产业突出。通过品种培优、品质提升、品牌打造和标准化生产，推动以红提葡萄、苹果为主的首位产业向优势区聚集。果业面积61万亩，其中苹果25万亩、红提葡萄20万亩、其他鲜食水果16万亩。畜牧健康发展。生猪存栏17.2万头，奶牛存栏3.2万头，恒源林牧万头奶牛、石羊50万头生猪“云养殖”、新希望30万头生猪等项目建成投产；水产养殖4.5万亩，年产量4.8万吨，位居全省第一。品牌创建有力。全面推行农产品合格证和质量安全追溯二维

码“双覆盖”，19 个农产品通过国家“两品一标”认证，合阳九眼莲、红薯、洽川乌鳢 3 个农产品获国家“地理标志产品”，“合阳红提”跻身中国果品区域公用品牌 50 强，获陕西省农产品质量安全示范县。

第三，实施一二三产融合工程。坚持延链、补链、强链，深化三产融合发展。经营主体转型升级。实施龙头企业培育工程，推行“户办场、场入社、社联企”模式，全县共培育各类新型农业经营主体 2612 家，共创建省市级农业产业化重点龙头企业 16 家；创建国家级示范社 4 个、省级百强社 4 个、省级示范社 19 个，省级示范家庭农场 36 家。农业园区四级联创。启动现代农业产业园“四级联创”，实施百个现代农业园区培育，共培育各级各类现代农业园区 118 个，其中省市级园区 19 个，初步形成了省级园区引领、市级园区示范、县级园区带动，镇镇有典型的发展格局。产业链条不断延伸。成立西农大农产品加工合阳专家试验站，围绕省级农产品深加工示范区建设，培育恒兴果汁、雨阳富硒等农产品加工及物流企业 17 家；引进油用牡丹、玫瑰、中药材等生物制造业 3 家，全县农产品加工产值 32 亿元。电商服务补齐短板。建成县级（服务）孵化中心 1 个，镇级服务站 11 个，村级服务点 130 个，孵化电商微商企业 15 家，实现县镇村三级电子商务服务体系全覆盖，年交易额 3.6 亿元。

三、以创建促提升，打造乡村振兴示范样板

坚持把示范创建作为推进乡村振兴的重要手段，以“争全国示范、做全省标杆”为目标，镇镇有举措、村村有行动，年年有成效、级级有晋档，为创建全国乡村振兴示范县打牢坚实基础。

第一，梯次推进抓创建。合阳县每年创建1个县级乡村振兴示范镇、15个示范村，到2025年，县级以上示范镇达到6个、示范村达到100个，实现“双过半”。

第二，严格标准抓创建。对已创建的示范村，实施动态管理，逐月逐季考核排名，每年硬性摘牌3个不合格示范村，确保创成的都是真标杆、真示范、真样板。

第三，严把程序抓创建。坚持硬性达标、限额达标、严格达标，先申报、再创建、后验收，不申报、不纳入，指标不分派、名额不均摊、创建硬达标。

第四，部门包联抓创建。实行示范村创建连带考核制度，按照创成示范村的级别和格次，在乡村振兴和年度目标责任考核中，对包联部门分别予以奖加分；对被摘牌示范村的包联部门分别进行倒扣分。目前，全县按照“系统谋划、全域推进、示范带动、梯次推动”的创建思路，全域推行“现代农业+科技示范+美丽乡村+高效治理”的模式，成功打造合洽路、沿黄路、108国道、342国道、徐水河流域“五条示范带”，创建1个省级示范镇、13个省级示范村和1个县级示范镇、30个县级示范村。

四、以机制作保障，推动乡村振兴全面提速

机制是全面推进乡村振兴的重要保障、关键选择和根本力量，必须以机制规范工作运行、促进任务落实，不断推动乡村振兴战略深入实施。

第一，完善城乡生活垃圾处理机制。全县推行农村垃圾社会化收转运处模式，坚决改变传统的、落后的垃圾填埋模式，构建新的政府主

导、企业运营、群众监督、全民参与的垃圾治理机制。全县共建成垃圾收集点15个、垃圾填埋场12个，农村垃圾有效治理率达91%以上。

第二，强化村庄建设监督机制。成立村庄建设监督委员会，充分发挥监督管理作用，切实传承好、管理好、弘扬好关中民居，真正建成田园风光，真正留住乡愁记忆。合阳县汇编《美丽乡村建设指导手册》，建设关中民居样板房230个，培训农村工匠2000余名，并颁发农村建筑工匠资格证。

第三，建立厕所改造动态监测机制。落实人员、明确要求、定期排查，对厕所改造中的问题随时发现，及时纠正。重点检查纠正有厕不能用、有水厕无水源、有末端处理不运行、有吸粪车无人拉等问题，坚决杜绝改厕形式主义。全县完成农户改厕8万余户，配备抽粪车94辆，全县卫生厕所普及率达到90%以上。

第四，推进"五堂共建"文明实践机制。实施镇村文明实践所（站）清零工程，推动新时代文明实践中心提质扩面、提档升级，打造新时代文明实践合阳样板。坚持党员教育大学堂、技术培训大课堂、道德法治大讲堂、文化活动大礼堂、村民议事大会堂"五堂共建"，全县建成新时代文明实践站（所）131个，开展"一约四会"各类活动1680余次，完善村规民约215则，4人荣登"中国好人榜"，新时代文明实践体系覆盖县镇村，在全社会营造了崇德向善、见贤思齐的浓厚氛围。

第五，深化农村"小微权力"清单制度。坚持把"小微权力"清单运行情况与村干部考核定档、评先评优挂钩，加强日常检查，及时考核兑现，确保"小微权力"清单常态落实、便民利民。合阳是农村"小微权力"清单的首创县，农村"小微权力"实现了权力清单化、服务无缝化、创新效能化、监督常态化，打通了服务群众"最后一公里"，农村“小微权力”清单作为典型在全国推广。

第六，建强乡村网格化管理机制。优化调整网格设置，不断把网格化管理做细做实，专人专格、专格专责，最大限度发挥网格服务群众、保障民生、促进治理的作用。依托智慧合阳建设，全面推行网格化管理，建成城市集成管理指挥中心，率先开通“12345”便民服务热线，对群众反映的“急难愁盼”，集中受理、集中办理、集中处理，实现了“人在格中走、事在网中办”，网格内发现上报各类事项5424条，办结5152条，办结率达95%。

五、以改革增活力，激发乡村振兴强劲动能

第一，全域化推广“沟北经验”。加快推进工作基础薄弱村、集体经济“空壳村”和改革工作“空白村”的“三变”改革，确保试点村提质上台阶、中等村规范全达标、空白村全部硬清零、所有村经营有实效、联合社实现全覆盖、村（社区）集体有收入。目前，全县村级集体经济组织全覆盖，集体经济“空壳村”全清零，年收入10万元以上的村127个、收入50万元以上的村38个、收入百万元以上的村11个。设立全省首家县级农业信贷担保机构，累计发放“政银担”“农权贷”2.4亿元，支持452家新型经营主体与农村集体经济合作经营。建立“国投股”资金管控机制，县投入、镇监管、村使用，整合各类资金4亿元，支持215个集体经济组织实施经营项目108个，建成村级光伏电站23座32兆瓦，年增加集体经济收入9000多万元。合阳列入第二批全国农村集体产权制度改革试点典型单位。

第二，高质量推进全国农业科技现代化先行县试点。坚持高起点

规划、高标准建设、高科技支撑、高效益示范，加大项目策划争取，加快农业科技成果转化，加强与西农的结对共建，打造农业科技现代化共建新机制、新模式。依托西北农林科技大学科教人才优势，全县建成葡萄试验站、农产品加工专家站、甘井旱作农业综合试验站及2个县级特色农业专家工作站，实施“万名农民进农校”工程，培训农民3万人次，其中高素质农民201人、技术骨干460多名、技术人员4000多名。

第三，严标准实施全国农民合作社质量提升整县试点。按照“清理整顿一批、规范提升一批、扶持壮大一批”的思路，以合作社质量提升建设为抓手，推动乡村全面振兴。通过建立职能部门联动退出、开辟注销通道、代理自主申请注销服务等措施，先后注销“空壳社”42家，现有注册登记农民合作社589家，其中国家级示范社4个、省级百强社4个、省级示范社15个、市级示范社19个，社员3.7万人，带动农户8.1万人，实现了合作社215个行政村（社区）全覆盖。

第四，一流化推进全国农业社会化服务创新试点。积极探索小农户和现代农业有机衔接发展模式，加快成立县域农业社会化服务联合社，建成社会化服务基地，打造农业社会化服务的行业标杆和县域样板。积极整合4家农机合作社资源，于2021年8月成立一心农业专业合作社联合社，承接小麦、玉米等粮食托管农业生产托管8.6万亩，建成“壹心农服”县级远程作业调度平台并投入运行，合阳县被农业农村部确定为全国农业社会化服务典型单位。

六、以严抓争一流，实现乡村振兴追赶超越

第一，坚持党建引领。始终用党的建设引领巩固脱贫和乡村振兴

工作，全力推进基层党建创新，在抓党建促乡村振兴中创造经验、打造品牌。深入实施“双进”工程和“双雁”素质提升工程，举办业务知识“擂台赛”，注重村支部书记、驻村第一书记能力真正当行家里手、让组织放心、使群众信赖。

第二，坚持主官主抓。突出党政主官的主体责任，实行“书记首责、党政同责、班子双责、人人有责”的岗位责任制，压实“三级书记、两级政府”肩上担子，分级分层明确责任，确保人人有精准的责任事、事事有精准的责任人，切实把乡村振兴工作牢牢抓在手中，时时认真研究，处处狠抓不放。

第三，坚持一线工作。坚持下乡制度，县级领导特别是包镇领导每周坚持下乡。涉农部门特别是农业农村局、乡村振兴局，要分片包抓，每周派干部下乡进村、一线工作。开展大协调，每月一调度，分析重点、解决问题、推动落实。

第四，坚持严督细考。坚持月排名、季讲评、年终考，县财政每年列支1000万元，专门用于示范镇、示范村创建奖励，对工作和考核靠后的镇办部门全县通报，单位主要领导大会表态检查，倒逼各级认真干、努力干、拼命干，不断提升乡村振兴工作整体水平。

专家点评

在脱贫攻坚与乡村振兴的衔接中合阳县走在了前列，通过有效的资源开发和机制保障，合阳乡村振兴工作已经形成了良好的发展势头，可以说具备了三大优势。

1. 民风习俗好

乡风文明是乡村振兴的重要内容，合阳群众黎明即起、洒扫庭除，待人温和、处事忍让、表达委婉，村村干净、户户整洁，民风习惯非常好。为了进一步巩固乡风建设成果，合阳县建立乡风文明一条街 86 个，制定乡规民约 215 则，全县美丽乡村示范村十星级文明户挂牌率达 95% 以上，优良的社会风气从此形成。从实际效果来看，乡风文明建设增加了乡土社会的魅力和吸引力，这不仅有利于本地居民的精神健康，也有利于本地品牌的对外宣传与推广。

2. 文化振兴好

文化是一种抽象但深沉的力量，乡村文化振兴不仅有利于开发传统乡土文化价值，还有利于地区文化创新与居民精神风貌构建。合阳县历史文化底蕴深厚，是中国民间文化之乡，黄河文化、诗经文化、厨祖文化、红色革命文化独具魅力，提线木偶、面花、唢呐等 30 多项民间艺术被列入国家和省级非物质文化遗产保护名录。合阳县的民居文化传承做得尤其好。合阳农村民居有一个鲜明特点，90% 以上的村都是清一色错落有致、两檐流水、青砖蓝瓦、影壁脊兽的关中厦房，前后一般齐、上下一般高，民居传承完整性、统一性十分罕见。为了很好地传承合阳民居“DNA”，合阳县编制了《农村民居设计图集》，建设样板房，分类设计引导，保留乡村风貌，留住乡土味道，这是乡村文化振兴事业的重要进步。

3. 工作基础好

合阳县重视党建工作在巩固脱贫和乡村振兴工作中的核心作用，加强组织建设和人才队伍建设，工作基础十分扎实。在工作中合阳县重视示范镇、示范村的评选与宣传，重视发挥榜样的带头示范作用，打造品牌效应。到目前全县有 1 个省级示范镇、13 个省级示范村和 1 个县级示范镇、30 个县级示范村。合阳相继荣获全国村庄清洁行动先进县、全国数字乡村发展先进县、全国农业科技现代化先行县、全国乡村建设评价样本县、全国水系连通水美乡村建设试点县、全国农民合作社质量提升整县推进试点县、全国农业社会化服务创新试点县、全省乡村振兴示范县、全省农村人居环境整治三年行动先进县等荣誉，展示了合阳县政府优异的工作成绩。

黄土高原生态治理的样板

——陕西省榆林市米脂县高西沟村乡村振兴实践案例

背景导读

2021年9月13日，习近平总书记到米脂县高西沟村考察，在龙头山察看高西沟村梯田、淤地坝、水库、经济林、生态林，听取高西沟村生态治理情况介绍后，他指出，高西沟村是黄土高原生态治理的一个样板，你们坚持不懈开展生态文明建设、与时俱进发展农村事业，路子走的是对的；要深入贯彻绿水青山就是金山银山的理念，把生态治理和发展特色产业有机结合起来，走出一条生态和经济协调发展、人与自然和谐共生之路。

高西沟村位于米脂县城以北20公里处，总面积4平方公里，耕地4553亩，全村人口195户600人，有党员35名。曾经的高西沟山上光秃秃，沟里乱石头，年年遭灾害，十年九不收。从20世纪50年代起，勤劳勇敢的高西沟人，在村党支部的带领下，以改善生态环境、保持水土、促进增收为己任，战天斗地，征山治水，将一个地表破碎、荒芜贫瘠的穷山沟治理成了山清水秀、旱涝保收的“陕北小江南”，创造了黄土高原生态治理的奇迹。1962年,《人民日报》以“山区生产的生命线”为题报道了高西沟村水土保持治理经验;1965年,被国务院命名为“全国大寨式先进典型”,被中共西北局授予“西北农业红旗”称号。经过半个多世纪的不懈努力,高西沟村呈现“梯田层层盘山头,金秋果香飘满沟,高山松柏连成片,陡坡牧草绿油油,水库碧澈映青山,平展坝地喜丰收”的美好景象,实现了生态效益、经济效益、社会效益的同步提升。2012年,高西沟村党支部被中组部评为“全国创先争优先进基层党组织”。

基本做法

高西沟村在60多年的实践中,按照“林上山、草上坡、粮下沟”的思路,走出了一条生态治理和经济协调发展的路子,摸索出了综合治理水土不流失、打坝淤地退耕不反弹、多种经营收入不减少的成功经验,成为黄土高原生态治理的样板。

一、综合治理,保证水土不流失

解决水土流失问题是黄土高原生态治理中的重要问题,但是由于自然地理原因,黄土高原的水土流失一直较为严重,治理起来并非易事。面对这一难题,高西沟村在总结单纯打坝、治沟、治坡的经验教训中,认识到综合治理是水土保持的有效办法,确定了全面规划、集中治理、沟坡兼治、林草齐上、长短结合的方针,按照山上缓坡修梯田、沟里淤地打坝堰、高山远山森林山、近山阳坡建果园、弃耕坡地种牧草、荒坡险洼种柠条的布局，对山、水、田、林、路、梁、峁、沟、坡、洼进行综合治理，做到了治一山成一山、治一坡成一坡、治一沟成一沟，实现了全部降水就地拦截蓄渗、泥不下山、洪不出沟，取得了显著的成果。该地区自1953年以来累计少向黄河输送泥沙260多万吨，有效保护了黄土高原脆弱的生态，并在2005年被评为“全国水土保持示范园”，2018年被评为“国家水利风景区”。因此，高西沟村的综合治理是成功的，值得被我国其他地区借鉴。

二、打坝淤地，保证退耕不反弹

调查黄土高原的地质特点可见，坡地是水土流失的主要原因。在解决坡地水土流失方面，坡地退耕还林还草是水土保持的关键一招。但是坡地退耕还林也并非易事，如何确保坡地退耕还林“退得下、还得上、保得住”，必须在建设高标准农田、实现农业高产上做文章。面对这一问题，高西沟人对打坝、修堰窝、修梯田认识深刻，他们说：“沟底打了坝、天旱地不怕，淤积一寸泥、可顶百担肥。”于是，高西沟村本着宜堰则堰、宜坝则坝的原则，在无水的沟道打坝、修堰窝，在有水的沟道建池修渠、扩展水地，在山顶缓坡建台地，修宽幅梯田，累计打坝126座，修堰窝100个，新修高标准农田777亩，既解决了水土流失，增加了耕地资源，又稳产高产，农业产出了过去3.5倍的产量，亩产增加了近8倍，有力保障了坡地退耕还林还草。高西沟村的做法不仅保护了生态环境、阻止了水土流失，还进一步增加了农业收益，提高了农民的生活水平，这是一举两得的好办法。到目前为止高西沟村现有林地3300亩，林草覆盖率达70%，并在2007年被评为“全国绿化小康村”，2019 年被评为“国家森林乡村”，成绩显赫。

三、多种经营，保证收入不减少

在我国生态治理的诸多实践中，如何平衡生态保护和经济收益是一个重要的问题。高西沟村的成功实践表明，水土保持既能保护生态环境，又可推动经济增长，这才是可持续发展之道。1958 年以来，高西沟村按照“宜林则林、宜草则草、宜粮则粮”的原则，用三分之一土地植树造林，三分之一土地种草养牧，三分之一土地种粮务农，创造了土地利用“三三制”模式，破解了“要多打粮食、肥料不足，要多养牲畜、草料不足，要发展生产、资金不足”的矛盾，推动农林牧协调发展、全面发展。改革开放以来，他们变“三三制”模式为林三份、草两份、田一份的“三二一”模式，以主导经济型牧业促进农民收入的提高。近年来，他们积极探索“公司 + 基地 + 农户”经营模式，大力发展山地苹果、谷子种植等特色农业，精心打造生态旅游产业，实现主导产业多元化，2020 年全村人均可支配收入达到 18851 元，比全县平均值多出 5834 元，生态效益正在转化为经济效益、社会效益，取得了生态与经济双赢的结果。

四、始终坚持党建引领、以人为本、共同富裕的发展追求

高西沟村党支部四任班子在征山治水中培养了特别能吃苦、特别能战斗、特别能奉献的过硬作风，并在班子新老交替中传承和发扬，

成为凝聚和感召全村人精神力量的坚强领导核心。“群众的事群众定，大家的事大家议”是高西沟村的一条铁律。从 1963 年水土流失治理办法的出台，到 1983 年土地承包方式的确定，再到 1987 年用“数豆豆”方式选举村主任，是高西沟村民主治村的生动写照。高西沟村始终坚持以群众利益为本，让群众共享奋斗成果，从把生态林留归集体经营，到发展“公司 + 基地 + 农户”模式，从全面改善群众生活条件，到全力推进精神文明建设，同步推进全体村民物质富裕、精神富裕，做到全面小康、共同富裕路上“不让一个掉队”。

五、始终坚持自力更生、艰苦奋斗、久久为功的愚公精神

1958 年大战孙家梁山，全村男女寒冬腊月天汗流浃背、衣服冻成“铠甲”，却没有一个人退缩；1975 年冬会战庙梁山，所有党员群众立下“山不平，人不撤”的誓言，苦战十天十夜，硬是削平山顶造出小平原。高西沟人咬定青山不放松、一代接着一代干，将 4 平方公里范围内的 40 座山头和 21 条沟变成了绿水青山、花果飘香。联产承包时，高西沟村顶着压力，坚持“林不分、树不砍、草不毁”，把 1660 亩生态林留归集体管理，使这片生态林完好无损保留至今。高西沟人这种誓与命运相抗争的坚守和拼搏，是自力更生、艰苦奋斗延安精神的继承和发扬，是陕北革命老区人民对党的优良传统的传承和再现。站在新的历史起点上，高西沟人将牢记习近平总书记的殷殷嘱托，传承弘扬高西沟精神，再接再厉，开拓进取，持续巩固拓展生态治理成果，大力推动特色农业、水保文化、生态旅游融合发展，努力在黄河流域

生态保护和高质量发展中走在前列、作出表率。

专家点评

高西沟一个小村庄为治理黄河作出了大贡献，其水土保持经验，特别是在长期实践探索中形成的高西沟精神，为黄土高原生态治理和经济社会协调发展提供了有益的实践启示。

1. 始终坚持尊重规律、因地制宜、求真务实的科学态度

高西沟村党员干部群众始终坚持一切从实际出发，不唯书，不唯上，只唯实。他们认准了生态立村的路子，在农业学大寨时，只学大寨精神，不学大寨模式，在多年探索如何与自然和谐相处的过程中，对生态治理和脱贫致富的途径进行了反复的尝试和摸索，逐步掌握了水土流失规律，提出了一套因地制宜、综合治理的办法，创造出了黄土高原生态治理的成功经验，走出了一条科学管用的发展路子。

2. 始终坚持与时俱进、敢闯敢试、勇于探索的创新理念

高西沟村既坚持一本蓝图绘到底，又善于在不同时期不断创新。在以粮为纲的年代，高西沟人摸索出农林牧并举的“三三制”模式，绿了山头，满了粮库，超前退耕还林还草政策40年。1963年制定《高西沟村十年水土保持发展规划》，这种给一个村搞规划的做法在当时全国并不多见。1980年包产到户时，在土地承包、财产分配、林木到户的大背景下摸索出保留林地、封山禁牧、集体管护的做法，超前国家封山禁牧政策20多年。高西沟村之所以能走在时代前列，不断创造新的成绩，就是因为始终秉承着一种敢闯敢试、敢为人先的创新精神。

3. 做到了生态保护和经济收益的双赢

我国有些地区的生态保护和经济收益产生了矛盾，这对当地的经济发展和人民福祉产生了影响，从而使得生态保护走上了一条不可持续发展的道路。在实践中我们发现要想实现经济收益与生态保护的双重收益，就需要认真研究当地的生态保护特点以及具体的生态保护任务，找到经济与生态的最佳契合点。高西沟村通过综合治理、打坝淤地、退耕还林和修高标准农田等方式既解决了水土流失、增加了耕地资源，又提高了粮食产量、增加了农业收益，做到了生态效益与经济效益的双赢，这值得被认真学习。

产业兴旺助推乡村振兴

——陕西省延安市富县直罗镇胡家坡村乡村振兴实践案例

背景导读

胡家坡村位于陕西省延安市富县直罗镇，是一个风景秀丽、美丽宜居的村庄，在新时代乡村振兴事业中胡家坡村求真务实、敢于创新，走在了乡村振兴的前列。胡家坡村是一个历史底蕴丰厚的村落，胡家坡古名为“护驾坡”，因秦王李世民北征突厥，尉迟敬德驻兵于此护驾得名，为著名的直罗战役所在地。虽然该村历史底蕴丰厚，但是经济发展却一直较为落后，2016 年以前，该村农户以打零工和种植玉米为主要收入来源，是典型的川道贫困村，主导产业收入较低是制约该村发展的主要因素。近年来，直罗镇胡家坡村立足村情实际，紧紧抓住恢复水稻种植这一“牛鼻子”，实现产业振兴。在秉持红色直罗、绿色发展、质量兴农理念的基础上，胡家坡村充分发挥自然资源优势，经过统筹规划和调研论证，因地制宜打造出胡家坡村田园综合体，通过推进一二三产融合进程，走出了一条特色鲜明、富有成效的巩固拓展脱贫攻坚成果同乡村振兴有效衔接发展之路，使乡村面貌焕然一新。以稻田产业为基础的胡家坡，如今已形成了一个集加工、旅游、观光、娱乐为一体的田园综合体，加上中心广场、停车场、旅游公厕、村容整治等基础设施的建设，该村已成为富县美丽乡村建设的模板。由于该村取得的显著成绩，胡家坡村于2018年获得陕西省美丽宜居示范村的殊荣，2020年荣获陕西省乡村旅游示范村，2021年荣获陕西省先进基层党组织称号，成为远近闻名的村庄。

基本做法

为了改变当地物质文化发展落后的现实，胡家坡村根据自身资源禀赋和当前市场需求，研究制定了从产业培育到机制保障，再到文化改造的全方位综合发展模式，从而深刻改变了当地的面貌，实现了乡村振兴，总结起来胡家坡村的做法有以下几条。

一、发挥传统产业优势，恢复水稻生产

乡村振兴，产业先行，找到适宜本地发展的支柱性产业是乡村振兴的重要任务。胡家坡村地处子午岭山脉腹地，土地广阔，加上葫芦河绕川而过，气候湿润。仰赖得天独厚的自然资源，该地群众一直有水稻种植的传统。为了探索出一条具有特色的产业发展新路径，镇和村级政府在深入调研、广泛征求群众意见的基础上，把做优、做大、做强水稻产业作为实现产业兴旺、共同富裕的根本举措，通过争取项目资金和撬动社会资金等渠道，累计投入资金3100万元，统一规划平

整土地 2100 亩，重新修建了拱水坝，铺设了供水管网，制定出台了稻田免费恢复、种子免费供应、大米兜底收购等一系列扶持政策，调动了村民恢复水稻种植的积极性。在政府的大力支持下，该地特色水稻产业效益明显提升，近几年该地累计恢复水稻面积 2100 亩，建设引水灌溉设施 2 处，铺设引水管线 8 千米。到 2020 年水稻实现总产量 1260 吨，总产值 882 多万元，亩均收入 3500 元，效益是玉米的 1.5 倍左右，农民得到了实实在在的利益。下一步，该村将大米通过深加工和后整理每斤从原来的 3.5 元提高到 6 ~ 12 元，市场竞争力显著提升。

二、强化支部引领，促进农民增收脱贫

在乡村振兴大格局中，党支部发挥着重要的作用，在某些情况下甚至发挥着核心作用。为了实现水稻产业的发展，胡家坡村充分发挥党组织核心引领作用和基层党组织战斗堡垒的作用，由村支部牵头成立小江南水稻合作社，吸纳全村 130 户水稻种植户参加，其中脱贫户 13 户。合作社配备各类水稻种植机械 70 多台（件），为社员统一耙田、统一插秧、统一收割，实现了水稻生产一体化、科学化、机械化。为了优化利益分配机制，合作社收益按照“631”分配，即 60% 归社员、30% 归合作社、10% 归村集体。通过建立新型经营主体和利益共同体，极大地降低了劳动强度和生产成本，提高了种植效益。可以看出，该村党支部引领带动作用不断增强，党支部的核心引领和战斗堡垒作用得以充分发挥。由党支部牵头成立的合作社既壮大了村集体经济，又带动农户增加了收入，有力提振了农民产业致富的信心，实现了合作社、农户、村集体的互利共赢。

三、开展深度加工，提升产品竞争力

农产品由于其同质化严重而往往很难卖出高价，这也是以农业为主导产业的乡村面临的重要难题。为了提升农产品的附加值，胡家坡与吉林农业大学建立技术合作关系，在其技术团队指导下，建立了品种试验基地3个，引进试验品种45个，从育秧到收割各个生产环节都制定了严格的生产技术标准，实现一体化作业、标准化种植。在培育优选的基础上，确定了胡家坡村的特色品种，创建了“直罗贡米”品牌。紧接着，按照“发展一个产业、引进一个企业、进行一次后整理”的思路，通过招商引资，建成“直罗贡米”加工厂2个，年加工大米500万斤。除此之外为了进一步提升大米的附加值，该地还新建了秦直酿酒厂，利用谷壳和残次大米作为酿酒原料酿酒，进一步延伸产业链，增加附加值，带动就业。酒厂的建立产生了显著的效益，酒厂每年回收废弃稻壳150吨，变废为宝为农民增收15万元，另外秦直古酒、秦直贡酒两大品牌在延安、西安市场火爆走红，年产量20吨、产值100万元，有效发挥了加工业带动农民脱贫增收的前拉后推作用。

四、农旅融合发展，拓宽农民增收渠道

农村不仅是提供粮食的生产单位，也可以成为观光旅游的好去处。为了进一步开发本地的旅游资源，直罗镇把胡家坡村作为直罗水稻产业田园综合体的核心，统筹推进乡村建设与产业发展。目前不仅完成了生态稻田、荷花池、菊花园、稻田艺术景观等观光节点建设，还有

中心广场、停车场、旅游公厕、村容整治等公共服务基础设施建设，比如2021年该地投资220万元，实施了木栈道、荷花池、石砌挡墙以及绿化、亮化等改造提升建设项目，极大提升了风景观赏性。为实现经济与生态的双重发展，胡家坡田园综合体集种植与风光为一体，形成了以稻护鸭（鱼）、以鸭（鱼）养稻的生态循环系统，不仅栽种了近30亩观赏荷花、菊花、格桑花，还建成了广场、旅游公厕，改造了主街景观。夏天碧水泱泱，万株新荷青翠欲滴；冬天就是一个天然的滑冰场，人们在冰面上嬉戏玩耍，千亩稻田造就了悠然惬意的田园风光。为了进一步提升本地的品牌知名度，该地成功举办了“插秧节”“开镰节”“溜冰节”“千人游”“半程马拉松赛”等活动，这些活动的举办为村民带来了切实的经济收益，村民通过开办农家乐、土特产品营销、旅游配套服务等，户均收入每年都在5000元以上，到2020年度胡家坡村累计接待游客7万人次，旅游综合收入200万元。

五、破除陈规陋习，引领乡风文明新风尚

近年来，胡家坡村通过打造田园综合体，建设高标准稻田，发展乡村生态观光体验旅游，推动一二三产融合发展，经济社会得到了快速发展，农民生活条件得到根本好转。但是一些乡村陈规陋习的存在与良好的发展势头不相符，比如一些农民婚丧嫁娶大操大办，比阔气、讲排场、攀比之风盛行，名目繁多的礼尚往来让农民背上了愈发沉重的人情债，这与乡村文明、社会和谐的价值理念背道而驰。为切实营造“移旧俗、除陋习、尚科学、倡新风”的良好社会氛围，倡导科学健康文明的生活方式，旗帜鲜明反对婚丧嫁娶大操大办、铺

张浪费等有悖家庭伦理和社会公德的现象，胡家坡村研究并推广了“28123”移风易俗工作标准（即村民操办红白事宴请烟不超过20元/盒，酒不超过80元/瓶，村内礼金不超过100元，每户过事不超过20桌，每桌酒席不超过300元）。通过移风易俗工作的开展，有效地整治了婚丧嫁娶大操大办、人情攀比、讲排场、比阔气等不良风气，切实把群众的人情负担减下来，引导广大群众养成了勤俭节约、文明和谐的生活方式。

专家点评

直罗镇胡家坡村作为经济基础薄弱、发展缓慢的村庄，能在较短时期内找到适宜本村的发展路径，为乡村振兴事业提供了良好的范例。通过研究胡家坡村的发展过程，可以得出如下几条经验。

1. 党建引领推动了产业提质增效

我国乡村振兴事业的主要依靠力量就是基层党支部的引领作用，村胡家坡的成功实践再次证明了乡村振兴中党建引领是关键。经济落后地区往往产业基础薄弱，农民力量分散，而要想形成一个有力的经济集体只能依赖于党的领导和组织。村胡家坡村正是在村党支部的引领下，建立了农民专业合作社，结成利益共同体，形成了党支部与群众协调一致的强大合力，组成了牢固的生存共同体。在此基础上该村通过争取项目资金，撬动社会资金，推动了产业结构调整，使传统优势产业得到恢复与发展。

2. 创建品牌实现了收入大幅度增长

乡村振兴要找到振兴的基础，也就是要找到能为农民带来长期利益的支柱性产业，传统农业往往只是将农作物生产出来卖给市场，但由于产品力不强而卖不出好价钱。在这个问题上，胡家坡村深刻认识到这一点，该村在壮大发展传统优势产业基础上，通过引进技术设备，开展深加工，打造出“直罗贡米”这一有一定市场影响力的品牌，通过品牌的建立大幅度增加农业后续收益，增加了农民收入。品牌的建立实现了“产品变礼品、稻田变景区”的根本性转变，是实现稳定增收的有力支撑，对其他乡村地区而言应该借鉴胡家坡村的经验，将农产品品牌化是实现农业增收的有效方式。

3. 农旅融合找准了发展方向

当前仅仅拘泥于农业发展的模式已经不能满足时代需求，在农业基础上发展现代农村旅游业是农业升级的重要路径。胡家坡村不仅以特色农业面向市场，用生产加工“两条腿走路”，而且依托特色产业和地域历史文化资源，深度开发乡村旅游资源，实现农业和旅游业融合发展，这一方面使得农业的产业链继续延伸以拓宽农民增收路径，另一方面也是实现脱贫的重要保障，为乡村振兴指明了努力的方向。由此而言，乡村振兴中要实现真正的振兴、长远振兴，就要拓宽发展思路，深挖产业链价值，把产业振兴做到实处、做到高端，从而为乡村事业的发展提供良好的基石。

4. 移风易俗引领了乡村新风尚

文化是一个地区历史和现实生存状态的抽象凝结，是影响一个人和一个群体精神面貌的深层次力量，符合时代前进方向的文化往往能给人带来积极的、正向的改变，而落后的文化则会束缚人的发展，从而对进步事业造成破坏。当前乡村社会中存在部分落后文化束缚了乡村发展，而胡家坡村决心摒除这些落后文化，通过推广“28123”等方式破除了群众过去的攀比陋习，如今红白喜事等大操大办、讲排场、比阔气的少了，群众的人情负担减下来了，养成了勤俭节约、文明和谐的生活方式，对推进乡风文明开展了有益探索，为乡村振兴增添了活力。因此，为了更好地实现乡村宜居、乡风文明的良好远景，应该像胡家坡村一样积极进行文化整改，使现代的、文明的生存方式更好地融入村民日常生活之中。

“党建＋家文化”治村模式赋能山区村共同富裕

——浙江省衢州市常山县新昌乡达塘村乡村振兴实践案例

背景导读

乡风文明建设，不仅关乎农村社会稳定发展，还是推进共同富裕示范区建设的精神保障。农村基层党组织是新时代乡风文明建设的领导者、组织者与推动者。浙江省常山县新昌乡达塘村党支部书记陈重良以“早上好”精神为引领，探索“党建＋家文化”治理模式，通过强化党建统领、优化村庄环境、实化主导产业、深化乡村旅游等方式，探索“农旅融合、多元发展”新路子，短短几年内将一个常山县普遍存在的“环境脏乱、矛盾不断、增收缓慢、工作瘫痪”的贫穷落后山区村打造成以特色种植业和乡村休闲旅游为核心的远近闻名的标杆村。

达塘村位于浙江省衢州市常山县新昌乡南部，是一个典型的山区村，村域面积 13.1 平方公里，下辖三个自然村，总人口 551 户 1520 人，党员 63 人，村民代表 61 人。现任党支部书记兼村民委员会主任陈重良，为乡党委政府从外引进的乡贤，在外经商30余年，于2017年返回村里担任支部书记，2021年又满票担任"一肩挑"人选。近几年，他创新提炼"天天早起、事事争先、人人追梦、年年攀升"的"早上好"精神，全面实施"家文化"治村，把"家"的概念延伸，村干部当"家长"，村民是"家人"，探索形成"村务大家议、村事大家干、村风大家树、村福大家享"为主要内容的"家文化"治村新模式，强力推进"产业兴"转型，带领村民开民宿、扩桃林、种茭白、做培训，形成干部领着干、党员带头干、村民一起干的良好氛围。达塘村因此从一个交通闭塞、贫穷落后的"一穷二白"集体经济薄弱村，一跃成为远近闻名的幸福宜居、人人追梦的"明星村"，村集体经济收入从2019年的13.4万元跃升至2020年的55.6万元，群众幸福感和获得感不断攀升。2020年3月，达塘村入选浙江省第二批省级农村引领型社区名单。2022年1月，达塘村入选浙江省3A级景区村庄名单（2017—2021）。

基本做法

达塘村始终坚持党建统领，提高农村思想政治建设，强化乡风文明，将"早上好"精神品牌内涵转化为强支部、优治理、兴产业的生动实践。

一、喊响"早上好"精神

第一，"早上好"精神的实践。陈重良刚回村任职的时候，达塘村不成气候，大部分青壮年劳动力外出，整个村庄缺乏向上的朝气。陈重良认为，想要振兴达塘，就必须改变村民的精神面貌。在外经商多年的陈重良，就把公司的“早会”文化和工作激励理念带回村里，并汲取晚清名臣曾国藩的“早起”家风、鲁迅先生刻“早”的故事等内涵，形成指引达塘村发展的“天天早起、事事争先、人人追梦、年年攀升”的“早上好”精神，实现干部有劲头、村民有盼头、整村有奔头的“全美”达塘。

第二，“早上好”精神内涵的丰富。在长期实践的基础上，“早上好”精神丰富内涵得到不断深化：一是天天早起。“领头雁”陈重良每天早上六点到村，晚上天黑回家，时刻都以早上的充沛活力干事创业。在他的引领下，村“两委”干事激情高涨，心齐气顺，大家都把村事当家事，争着做抢着做。二是事事争先。达塘村不管什么工作，都围绕争第一的目标，“两委”分片包干，团结协作，你追我赶，各项工作均走在全乡、全县前列。三是人人追梦。达塘村在党支部的领导下，干部带头干，党员示范干，依托乡村振兴讲堂讲政策、统思想、议村事、办实事，让全村人像石榴籽一样紧紧抱在一起，共同朝着“达塘梦”而努力奋斗。四是年年攀升。近年来，达塘村抢抓机遇，乘胜追击，全力赶超，力争年年有变化、三年大变样、五年新跨越。后来，又将“早上好”精神进一步提炼深化，以早的状态、上的劲头、好的追求三个方面形成工作体系，成为指引达塘村各项工作的法宝。

二、实施“家文化”治理

近年来，达塘村坚持党建统领，以“早上好”精神为指引，做实做细做优“三联工程”，探索形成“村事大家议、村事大家干、村风大家树、村福大家享”为主要内容的“家文化”治村新模式，在短短四年时间内，从一个贫困村、脏乱村、信访村蝶变成小有名气的“明星村”，为各地乡风文明建设，推动乡村治理提供了“达塘”经验，成为常山县乃至衢州市的一张具有高辨识度的金名片。

第一，让“村事大家议”成为一种习惯。以前老百姓对村干部不信任，究其原因还是村里的很多决策老百姓都不知情，大事小事老百姓都没有参与感，干群关系就渐渐疏远了，矛盾纠纷就慢慢多起来了。为此陈重良提出“村务大家议，有事摊桌面，谁都没特权”。不断灌输“村里的事村民做主”的理念，用好党员、村民代表大会、“三老说事堂”、乡贤议事会等载体，全面公开村务，畅通沟通渠道，引导村民在村庄发展、村民致富、社会治理等方面共商共议、献计献策。

第二，让“村事大家干”成为一种力量。决策民主了，政策透明了，干事公道了，老百姓就会跟着你干。为了把全村的力量凝聚在一起，陈重良提出“村事大家干，都是一家人”的“大家庭”理念，大家都把村里的事当作自己的事，有钱出钱，有力出力，有智出智。这几年，全村上下聚焦“老百姓最关心的事、村庄发展最重要的事、党委政府最重视的事”，发挥组团联村、党员联户、“两委”联格“三联工程”作用，让干部、党员、群众、乡贤统统参与进来，各司其职，各施所长，变“干部干、群众看”为“干群齐心一起干”。前年，村集体准备规模化种植茭白，很多村民自发地将自己的田地流转给村集体，党员干部农忙时节还要来参与义务劳动，帮助收割、包装、搬运茭白，为村里省了不少劳务开支。

第三，让“村风大家树”成为一种自觉。村民的参与感强了，干群关系就拉近了，以前村民有事情习惯上访，现在有事情就找村干部，慢慢地，矛盾纠纷、上访就变少了，村里的风气也越来越好。趁此机会，达塘村提出了要打造"文明有礼、崇良向善"之村，倡导"村风大家树"，修订了"村为家、和至上、勤劳作、共致富"为主要精神的村规民约，将家情、民情、乡情串联到村民生产生活的方方面面。广泛开展"晒家风家训、讲家风故事、评最美家人"等系列活动，每年度开展"最美达塘人"评选，激发村民的荣誉感与责任感。现在，达塘村已经连续四年"零"上访，真正做到了"微事不出户、小事不出格、大事不出村"。

第四，让"村福大家享"成为一种追求。村里和谐了，大家的精力都放在致富增收上了。围绕"幸福路上一个也不少"目标，坚持"村富带民富、大家一起富"理念。为了解决老百姓就业问题，通过乡村振兴讲堂，培训致富增收技能，让老百姓在家门口学到本事、赚到钱。像村里的茭白基地，每年都要带动上百名劳动力就业。同时还专门成立了"早上好"共同富裕促进会，发动社会力量参与进来，帮助困难群众，支持青年创业，带动村民共同致富，现在会员已经达到53名。

三、建立"早上好"支部书记研学基地

近年来，达塘村先后被评为"浙江省美丽乡村特色精品村""浙江省3A级旅游景区村"、全市"党建治理先锋战队"。陈重良也先后荣获省兴村治社名师、省"优秀共产党员"、省"千名好支书"、省农村青年致富带头人标兵以及全市党建治理大花园先锋战士、市劳动模范、市首届"乡村百师"等称号。2021年5月，作为全省2名优秀村支部书记代表之一，陈重良参加了中组部组织的村党支部书记培训示范班。

为了把达塘村的治村理念推向全省乃至全国，进一步打响常山县党支部书记学院品牌，常山县委组织部、县委党校、新昌乡党委，在达塘村打造“早上好”支部书记研学基地，深化实施“头雁工程”，推动“头雁领航、群雁齐飞”，为全面实施乡村振兴和建设共同富裕示范区作出常山贡献。

“早上好”支部书记研学基地，以“共同富裕”为目标，以“乡村振兴”为主题，以“书记研学”为主线，积极构建“1234”发展布局（即倡导一种精神——“早上好”精神，擦亮“文化治村”“乡贤治村”两张金名片，打造党建、产业、治理三条实景教学示范带，构建“学吃住游”四大功能模块），以达塘村为核心，充分整合“三塘一源”（即达塘、郭塘、黄塘和西源村）的资源，开展沉浸式教学，着力打造融教学、体验、实训于一体，具有高辨识度的“早上好”支部书记研学基地，形成“一核引领、多村协同、连片繁荣”的发展格局，使之成为乡村振兴、共同富裕的新引擎、新标杆、新样板。研学基地自创办以来，积极面向全国办班，已先后接待游客学员5.25万人次，为村集体增收4万多元。

专家点评

达塘村充分发挥乡贤在基层治理和乡村振兴中的“金钥匙”作用，引导激励新乡贤在项目招引、促农增收、村庄整治、乡村治理、文化培育等方面发挥积极作用，有力推动党建治理在达塘村落地生根，实现党建统领、基层治理、乡村振兴有机融合。达塘村以“早上好”精神为引领，探索“党建＋家文化”治理模式，短短几年内就从一个常山县普遍存在的贫穷落后山区村蜕变为远近闻名的明星致富村。可以说，达塘村依靠自己的力量走出了一条乡村振兴的好路子，不仅促进了本地发展，也为我国乡村振兴提供了宝贵经验。

一方面，达塘村通过构建“党建+家文化”治理模式，取得了三个方面的发展成效。

第一，经济发展更加迅速。开展“家文化”治村，推行村规民约建设，实现村事大家议、村事大家干、村风大家树、村福大家享，有效保障了群众知情权、决策权、参与权、监督权，增强了主人翁意识和社会责任感，推动了村级产业结构调整、村庄治理、基层矛盾调处等工作的顺利实施，促进了村级经济的快速发展。

第二，社会环境更加稳定。通过“早上好”精神的宣传，群众对党组织、村集体的归属感认同感明显提高，群众的幸福感和获得感逐步提升。同时，围绕“家文化”治村，邻里关系和睦，矛盾纠纷逐渐减少，干群关系逐渐融洽，治安形势逐渐好转，农村社会更加和谐稳定。

第三，治理水平有力提升。达塘村依托“早上好”精神和“家文化”治村，建立形成党委领导、政府引导、村级组织主导、村民广泛参与的乡村治理体系，增强了农民群众自我管理、自我教育、自我服务、自我监督的水平，参与村级事务的主动性、极性大幅提高。

另一方面，达塘村的发展也为我国乡村振兴提供了六点经验启示。

第一，推进乡风文明建设要牢抓基层党组织。培育新时代文明乡风是一个系统工程，离不开农村基层党组织，只有基层党组织坚强有力，广大农村地区的精神文明建设才能健康持久。基层党组织肩负着推动发展、服务群众、凝聚人心、促进和谐的重要责任，是农村思想政治建设的参与者、主导者、引领者，是乡风文明建设的坚强政治保障和组织保障。

第二，完善基层治理要做到“两委”同心。“村庄富不富，全靠党支部。”达塘村通过村“两委”班子带头，实行组团联村、网格支部、党员联户三个全覆盖，迅速形成以村党组织为统领、村“两委”干部为中坚、全体村民为基础的“金钉子”堡垒。同时全面强化“两委”班子建设，并通过“党性加油站”“支部主题党日”等活动，进一步聚合众志、聚集众力。

第三，促进乡风文明建设要建强“精神标杆”。农村精神文明建设具有凝聚人、引领人、培塑人、激励人的积极作用，因地制宜打造村级先进典型，形成农村精神文明建设的风向标是关键。建立榜样的力量会产生巨大向心力，使村民与干部同心同德，引导广大群众在精神标杆的带动下汲取榜样力量，规范自身行为，在潜移默化中提升道德素养，形成见贤思齐、择善而从的良好社会氛围。

第四，实现共同富裕建设要推动乡贤力量。进一步发挥乡贤在乡风文明建设中的引导、教化作用，通过挖掘全县丰富的乡贤资源，调动乡贤力量，弘扬乡贤文化，吸引乡贤回村投资，继续擦亮“乡贤治村”文化品牌，发挥乡贤亲缘、人缘、地缘优势，形成乡风文明建设，形成具有地方辨识度的乡贤助推共同富裕的新路子。

第五，优化乡村生态要落实美丽乡村建设。一是聚焦“改”。坚持村支书带头、党员带头、干部带头，迅速启动“一户多宅”“赤膊墙”整治、厕所革命、垃圾分类等各项农村人居环境整治中心工作。二是聚焦“建”。紧紧抓住乡村振兴战略实施机遇，以美丽乡村建设为抓手，先后实施了十多个村级项目，投入资金 1000 多万元。同时，转变经营理念，以发展乡村休闲旅游为目标，打造猴山景区、泉水鱼池、石林桃园等特色景点，让村容村貌发生了翻天覆地的变化。

第六，实现村强民富要以发展产业为根本。一是重规划。达塘村对村庄区块开展了全域、高层次规划，明确了乡村休闲发展方向，流转 200 余亩荒山林地，重点发展“桃花经济”。通过强基础、建景区、布产业，成功打造出“石林桃园”景区，连续举办四届“桃花节”，以花为媒、以旅兴业，真正实现村庄变景区、农民变股民。二是强经营。强化产销对接，流转闲置土地种植茭白，同时与衢州市农贸市场公司建立茭白收购关系，发展茭白产业，进一步拓宽村集体增收渠道，实现村民在家门口就业。

农村金融改革为乡村振兴注入新动能

——云南省怒江傈僳族自治州乡村振兴实践案例

背景导读

怒江傈僳族自治州，别名怒江州，位于云南西北部，怒江中游，因怒江由北向南纵贯全境而得名。怒江州是中缅滇藏的接合部，有长达 449.5 千米的国界线。怒江州隶属于云南省自治州，西邻缅甸，南接保山地区，北靠西藏自治区察隅县，东北临迪庆藏族自治州，东靠丽江市，东南连大理白族自治州，州政府驻泸水市六库镇，区域总面积 14703 平方千米。怒江州辖泸水市、福贡县、贡山独龙族怒族自治县、兰坪白族普米族自治县，29 个乡（镇）、255 个村民委员会、42 个社区。怒江州少数民族人口比例占总人口的 92.2%，其中傈僳族占 51.6%。怒江州是中国唯一的傈僳族自治州，其中独龙族和怒族是怒江所特有的少数民族，怒江州是中国民族族别成分最多和中国人口较少民族最多的自治州。根据第七次人口普查数据，截至 2020 年 11 月 1 日零时，怒江州常住人口为 552694 人。

怒江州还是享誉世界的民族文化大观园、生物物种基因库、自然地貌博物馆、珍稀物种避难所。2020 年 10 月 9 日，怒江州被生态环境部授予第四批国家生态文明建设示范市县称号。2020 年，怒江州实现地区生产总值 210.73 亿元。

由于怒江州处在云南省西北部、横断山脉纵谷地带，是闻名于世的高山深切割地貌，可耕地面积少，因此怒江州属于全国深度贫困“三区三州”之一，贫困面大、贫困程度深，贫困发生率一度高达 76%，是全国平均水平的近 9 倍。可以说，怒江州是云南省乃至全国脱贫攻坚的“上甘岭”，是脱贫攻坚战的困中之困、难中之难、坚中之坚，也一直是习近平总书记最牵挂、最关心的地方之一。

党的十八大以来，习近平总书记就怒江工作多次作出重要指示批示，为怒江决战脱贫攻坚、决胜全面小康指明了方向。怒江州各族干部群众牢记习近平总书记嘱托，坚持以脱贫攻坚统揽经济社会发展全局，把脱贫攻坚作为全州首要政治任务、发展头等大事、第一民生工程，狠抓工作落实，采取了一系列精准举措。其中最重要的一项举措就是积极推动农村金融改革。

为深入贯彻落实党的十九届五中全会提出的“健全农村金融服务体系、金融服务乡村振兴战略、促进农业农村现代化”等决策部署，怒江州结合本地金融发展实际，“小步快跑”积极探索金融服务乡村振兴的工作路径，不断提升涉农主体金融服务获得感、可得性、满意度，缓解农业农村“融资难、融资贵、风险高”等突出问题，金融服务乡村振兴成效初显。

基本做法

一、完善农村金融服务体系

怒江农村金融改革坚持目标导向和问题导向，着眼于金融服务空白和不足的地区、人群，不断完善农村金融组织体系，优化机构网点和普惠金融服务站，填补银行基层服务空白，织密农村金融“毛细血管”，打通普惠金融服务“最后一公里”，让农村群众享受“足不出村”的金融服务。怒江银保监分局充分利用倾斜性支持政策，引进富滇银行成为怒江州第一家城市商业银行，邮储银行从二级支行升级为一级支行，2 个县级保险机构完成升格，新设 2 个县级银行机构和 4 个县级保险分支机构，使银行保险供给体系不断丰富。目前，怒江州银行保险服务已实现对全州 255 个行政村全覆盖，截至 2021 年 8 月末，银行机构在农村地区安装使用 ATM 机 162 台，POS 机 4531 个，设立惠农支付点 124 个，普惠金融服务站 339 个。保险机构“三农”保险服务站已实现行政村全覆盖，各县（市）基本形成多元化、分层次、广覆盖的金融机构体系。

二、加大涉农金融资源供给

怒江农村金融改革持续加大涉农金融资源供给，解决乡村振兴面临的资金短缺问题，增强农村经济增长动力。一是强化关键领域金融供给，加快完善农村融资基础设施建设。近年来，怒江银保监分局辖内银行业为怒江州提升教育和医疗水平、改善道路交通条件、饮水安全和提升人居环境等方面提供了助力，累计向教育扶贫领域发放贷款3.1亿元，医疗领域发放贷款2.94亿元，扶贫住房领域发放贷款19.11亿元，农村公路发放贷款9.08亿元，农村水利工程发放贷款6.9亿元，贫困村提升工程发放贷款6.25亿元。二是重点支持县域优势特色产业，做好新型农业经营主体金融服务工作，增强农业农村发展内生动力。辖内银行业为农民经营性收益增长提供了有力支持，截至2020年末，辖内银行业支持高原特色农业发展贷款余额6.89亿元，支持新型农业经营主体63个（其中，农业龙头企业35个、农民合作社14个、家庭农场14个、涉农电商平台8个），贷款余额1.39亿元。三是加强保险风险保障功能。近年来，保险机构累计推出7种政策性农业保险，2017年至2019年，水稻、玉米等主要粮食作物种植保险承保面积从7.18万亩增加至17.98万亩，能繁母猪、藏系羊、牦牛等主要养殖保险承保头数从9.26万头增加至18.16万头。

三、优化农村金融服务和涉农金融产品

怒江农村金融改革不断优化农村金融服务和涉农金融产品，提升涉农金融匹配度，推动农业农村产业发展。结合怒江文化旅游、香料等产业发展实际，怒江银保监分局指导辖内银行机构创新推出“农旅贷”“金碧乡村振兴贷”“草果贷”“花椒贷”等30多款涉农金融产品，全方位精准助力农业农村产业发展。农信社2020年初推出的“农旅贷”，专门为农家乐、民宿、客栈、旅游工艺品、民族演出、旅游运输等特色旅游产业发展提供优惠贷款，目前已累计发放贷款32笔，金额

1069万元，有效支持了怒江州旅游产业发展。针对当前涉农金融产品与部分“三农”客户生产经营活动周期、抵质押物等方面存在的突出问题，怒江银保监分局辖内银行机构创新推出一批服务农村一二三产业融合、乡村基础设施建设的中长期信贷产品，实现金融供给与需求的精准对接。

四、加快推进农村信用信息体系建设

怒江农村金融改革从涉农主体缺信用、缺抵押担保、金融供需双方信息不对称等问题入手，着力改善农村信用信息环境，加快推进农村信用信息体系建设，形成信用信贷互促相长的良好局面。采取农户信用建档评级和授信同步推进的方式深入乡镇开展信用乡、信用村、信用户的创建与评定工作，对符合授信条件的农户“应授尽授”，给予一定的授信额度，农户有信贷需求可到当地农信社申请贷款，把银行和农户联系起来，培养农户信用习惯，启用信用并逐步积累信用。通过推广“信贷+信用”，解决了很多农户因信用空白或信用不全而无法获得贷款的问题，实现了信用信贷互促相长。截至2021年8月末，怒江州已完成10个信用乡镇、92个信用村和287个信用组的评定，建立农户信用档案130609户，覆盖面达97.82%。

五、做好脱贫人口小额信贷工作

怒江农村金融改革通过切实做好脱贫人口小额信贷工作，实现过渡期政策稳定衔接。怒江银保监分局督促辖内银行机构严格按照“新政策不出、旧政策不退”的要求，积极做好扶贫小额信贷发放及管理工作。过渡期脱贫人口小额信贷政策出台后，银行机构依托村“两委”和驻村工作队，通过物理网点、普惠金融服务站，以海报、宣传折页等方式进村入户对新政策进行宣传，做到脱贫人口小额信贷政策“应知尽知”。截至2021年8月末，怒江州脱贫人口小额信贷累计发放金额达10.55亿元，惠及建档立卡脱贫户及边缘易致贫户23314户（次），惠及面达33.6%，存量贷款户数10547户，较年初增加834户，贷款余额4.65亿元，较年初增加0.36亿元，成为云南省16个州市中脱贫人口小额信贷余额实现正增长的5个州市之一。

六、营造农村金融发展良好环境

怒江农村金融改革通过加强金融知识、信用观念的普及，营造农村金融发展良好环境。依托基层党委政府、机构网点、金融多功能服务平台等，建立常态化农村金融知识宣传机制，从监管部门和金融机构选派青年骨干组成青年金融政策宣讲团，深入乡村、社区和安置点，大力宣传金融知识，宣讲“贷免扶补”、脱贫人口小额信贷等普惠金融政策，倡导“守信受益、失信受制”的信用观念，增强农村群众金融理念和守信用信意识，提升农村领域借力金融振兴发展的意识和能力。

专家点评

金融是现代经济的核心。金融活，经济活；金融稳，经济稳。全面推进乡村振兴离不开金融的有力支撑。《中共中央　国务院关于全面推进乡村振兴加快农业农村现代化的意见》提出，“支持以市场化方式设立乡村振兴基金，撬动金融资本、社会力量参与，重点支持乡村产业发展”，并将其作为“强化农业农村优先发展投入保障”的重要内容；《中华人民共和国国民经济和社会发展第十四个五年规划和2035年远景目标纲要》提出，“在西部地区脱贫县中集中支持一批乡村振兴重点帮扶县，从财政、金融、土地、人才、基础设施、公共服务等方面给予集中支持，增强其巩固脱贫成果及内生发展能力”。可见，金融在经济发展和社会生活中发挥着极其重要的地位和作用，在推动乡村振兴的进程中要用好用足金融的力量。

怒江州通过实施农村金融改革助推乡村振兴的案例给我们的启示主要有以下四点：一是以农村金融改革助推乡村振兴，要统一思想认识，准确把握金融在巩固脱贫成果同乡村振兴有效衔接中的重要作用，把金融服务乡村振兴作为金融行业的重点工作，强化金融服务创新，用好用足金融资源，提高金融服务乡村振兴的能力和水平。二是以农村金融改革助推乡村振兴，要积极参与市场主体培育，加快农村信用体系建设，开发创新金融信贷产品，支持服务实体经济发展，做好脱贫人口小额信贷发放工作，提升脱贫群众的内生发展动力。农村信用社是以合作制为基础的金融机构，它是和农户联系最为紧密的金融机构，分布在广大的乡村地区。农信社要始终坚持特有的互助性和便捷性的优势，保持其数量的总体稳定；同时确保其营利性和普惠性，保持其法人地位的稳定。利用好相关的金融优惠政策，在服务“三农”的过程中，不断地改革、创新与发展。三是以农村金融改革助推乡村振兴，要构建完善的金融机构支持体系。乡村振兴金融支持模式是国家层面以制度的形式做出的关于农村金融的相应安排和调整，依据各地区不同的乡村社会经济发展环境、条件和背景，形成农村金融市场中的供给方和需求方的交易方式，发挥不同的金融机构的功能及其作用，构建健全的农村金融市场和有效的农村金融体系，最终构建出支持乡村振兴的农村金融发展模式。四是聚焦重点领域加大支持力度，不断优化基础金融服务发展普惠金融。普惠金融在助稳宏观经济大盘中发挥了重要作用，健全现代金融体系要求进一步明确中小金融机构支农支小、立足普惠的发展定位。推动普惠金融高质量发展，既是更好服务实体经济的需要，也是推进金融业供给侧结构性改革走向深入的内在要求。需要从健全现代金融体系的高度，全盘考虑，统筹推进。

大关县聚焦巩固脱贫攻坚成果有效衔接乡村振兴

——云南省昭通市大关县乡村振兴实践案例

背景导读

大关县，隶属于云南省昭通市，位于云南省东北部，昭通地区的腹心地带，地处东经 103°43' ~ 104°07'、北纬 27°36' ~ 28°15' 之间，历来为滇川交通要道。境内山峦重叠，“五河”纵贯，水力、矿藏资源和土特产品丰富。鲜笋、翠华茶是当地特产，盛产优质烤烟，杜仲畅销全国，是云南省的生漆基地县之一。大关县脱贫人口 25989 户 114018 人，贫困发生率 46.4%，实施易地搬迁安置 8915 户 38434 人，搬迁脱贫一批占比 26%，为昭通市最高，其中跨县域搬迁 5412 户 23327 人，占搬迁人口的 60.7%。2020 年，大关县地区生产总值 41.9 亿元，一般公共财政预算收入 1.25 亿元。近年来，大关县认真学习贯彻习近平总书记关于巩固拓展脱贫攻坚成果同乡村振兴有效衔接的一系列重要讲话精神，深入贯彻落实中央、省委、市委决策部署，立足全县脱贫人口基数大、易迁人口多、经济体量小当前最基本的县情这一实际，坚持工作重心以巩固拓展脱贫攻坚成果为主，统筹推动脱贫攻坚与乡村振兴有效衔接。

基本做法

一、落实“四个不摘”，牢牢守住返贫底线

第一，不摘责任。成立县委书记、县长任“双组长”的巩固脱贫攻坚推进乡村振兴领导小组，加强组织领导、指挥调度、统筹协调。实行县委常委、县人大常委会主任、县政协主席任乡镇第一书记包乡、县级领导包乡村振兴示范点，县级挂村部门、乡镇挂村领导包村，镇村组干部包片，压实各级责任。县委、县政府每月专题研究，镇村每月动态研判，常态化开展“三类对象”识别监测帮扶。

第二，不摘政策。聚焦“两不愁三保障”和饮水安全，坚持平稳过渡、有效衔接，稳定产业、就业、教育、医疗、兜底等各项政策，在继续适用原脱贫户的基础上，将低保、临时救助、公益性岗位、雨露计划、小额信贷等政策向边缘易致贫户、突发严重困难户延伸。

第三，不摘帮扶。继续落实单位包村、派驻驻村队员等帮扶措施，86 家中央、省、市、县定点帮扶单位向 86 个村（社区）选派驻村队员 256 名；以中央党校（国家行政学院）为代表的帮扶单位围绕巩固脱贫成果衔接乡村振兴，有人才出人才、有资金出资金、有资源出资源，倾情帮扶。东西部协作从广东省中山市调整为上海市闵行区后，在资金、人才、劳动力转移、消费帮扶等方面接续协作。推进“一平台三

机制”（云南省政府救助平台，产业帮扶全覆盖、壮大村级集体经济、扶志扶智机制）帮扶，线上受理群众涉及“两不愁三保障”和饮水安全困难申请593件，办结457件。

第四，不摘监管。整合县纪委监委、县委县政府督查室等力量，开展日常监督检查。根据阶段工作，组建业务指导组，加强指导督促。统一组织开展“大排查、大遍访、回头看”，发现问题、整改问题。截至2021年9月，全县有监测对象4600户18964人（脱贫不稳定户2068户8638人，边缘易致贫户2384户9754人，突发严重困难户148户572人），未消除风险1487户5762人，占比30.38%。没有出现返贫情况。

二、突出“四个重点”，巩固拓展脱贫成果

第一，抓实稳岗就业。始终把就业作为持续增收的首要渠道，点对点、不间断动员群众务工就业，转移就业农村劳动力12.9万人、脱贫劳动力5.6万人、易迁劳动力2万人，占比90.4%、91.1%、94.6%。

第二，抓实产业培育。始终把产业作为持续增收的重要支撑，投入产业帮扶资金2.26亿元、占整合财政涉农资金的59.8%，以“100万亩竹+”“100万头生猪+”为主导产业，统筹推进茶、蔬、果、牛、马铃薯等9个特色产业发展壮大，培育农业龙头企业24个，打造“绿色食品牌”产业基地21个，建立“双绑”利益联结机制覆盖有条件的脱贫户和边缘易致贫户、突发严重困难户，带动户均收入8017.93元。

第三，抓实易迁后扶。始终把易迁后扶作为重中之重，聚焦就业、

产业、上学、融入这“四个关键”，落实易迁后扶“50条”措施，做实做细公共服务、社区治理、上学兜底、“三块地”产业建设，全力保障3.8万易迁群众稳得住、能致富。

第四，抓实项目建设。始终把项目建设作为巩固脱贫成果衔接乡村振兴的重要支撑，聚焦巩固拓展脱贫攻坚成果、衔接推进乡村振兴谋划项目、安排资金。今年到位统筹整合使用财政涉农资金37798.06万元（财政衔接推进乡村振兴补助资金28272.24万元，其他统筹整合使用财政涉农资金9525.82万元），实施项目库项目128个，已支付资金23673.38万元，支付率62.63%。

三、实施“四大工程”，有效衔接乡村振兴

第一，实施教育教学质量提升工程，推动“上学难”向“上好学”转变。围绕“治贫治愚、扶智扶志”，落实最严格的“控辍保学”制度，全县义务教育阶段适龄儿童少年应入学36714人全部入学。持续深化教育综合改革，充分发挥大关复兴中学品牌引领作用，稳妥推进“收缩式、寄宿制”办学，探索实施“大笔山校际联盟”模式，鼓励支持县职中以校企合作方式开展“学徒式人才定制培养”。突出抓好学生素质教育，大力推行“艺体兼修”，确保初中及以上学生每人拥有一项艺术和体育爱好，从根子上解决“控辍保学”的难题。

第二，实施医疗卫生质量提升工程，推动“就医难”向“就好医”转变。针对全县36种大病患者4673人、4种慢病患者68661人的困难，在落实医疗保障的同时，深化“三医”联动改革，促进县医院、县中医院融入市级医联体。实施医疗服务机构、医疗服务人员、医疗服务

能力“三个达标”工程，力争将县医院打造成智慧型三级综合医院，加强县中医院特色专科打造。稳步推进乡镇卫生院中医馆和远程医疗会诊系统建设，开展名医驻院坐诊交流任职，鼓励和引导在职在编医技人员到村级支医，提升村级医技和管理水平，着力解决医疗费用支出过高的问题。

第三，实施基础设施质量提升工程，推动“发展难”向“好发展”转变。结合陕西洛南、贵州威宁饮水安全事件，举一反三，全面排查，大力实施农村饮水安全和巩固提升工程，完工并投入使用急需解决的应急维修养护饮水工程90件，启动实施农村供水保障专项行动工程13件，确保户户有安全用水。继续实施公路、客运、物流、5G基站等基础设施建设工程，全面提升基建支撑发展能力。继续实施生态移民工程，聚焦“六类”区域，实施进城入镇和跨区域搬迁，力争应搬尽搬，彻底解决“一方水土养活不了一方人”的问题。

第四，实施乡村治理质量提升工程，推动“治理难”向“善治理”转变。紧扣乡村振兴“二十字”总体要求和“五大振兴”目标任务，着力打造一批乡村党建示范点、培育一批脱贫致富带头人、形成一批乡村治理好经验、催生一批美丽和谐示范村。以农业特色化、板块化布局，促进规模化、精细化发展，推动传统农业市场化转型，促进乡村产业兴旺；以农村人居环境整治推动环境育人，促进乡村生态宜居；以文明村镇、文明家庭等创建活动为切入点，深入推进移风易俗，着力培育良好社会风尚，促进乡村乡风文明；以村规民约建设为抓手，增强村民主人翁意识，着力扭转“只讲权利、不讲义务”的现象，促进乡村治理有效；以编制村庄规划为着力点，谋划独具特色的乡村，激活发展内生动力，促进乡村生活富裕。到2025年，创建省级乡村振兴示范乡镇2个以上、精品示范村20个以上、美丽村庄200个以上。

专家点评

近年来，大关县坚持问题导向，推动乡村振兴过程中紧扣目标、细化措施，通过落实“四个不摘”牢牢守住返贫底线，突出“四个重点”巩固拓展脱贫成果，实施“四大工程”有效衔接乡村振兴等措施，聚焦巩固脱贫攻坚成果，有效衔接乡村振兴，使得大关县乡村振兴工作不断取得新成效。大关县乡村振兴的案例给我们的启示主要有以下四点。

1. 以巩固脱贫攻坚成果推动乡村振兴，确保政策连续性是根本保障

要不断发挥政策存量优势，实现脱贫攻坚与乡村振兴的制度性衔接，要保持政策连续性，做到摘帽不摘政策、脱贫不脱制度，完成从脱贫到振兴的制度性过渡和交接，这是确保从脱贫攻坚到全面振兴的重要保障。

2. 以巩固脱贫攻坚成果推动乡村振兴，确保就业稳定性是关键抓手

就业既是脱贫的重要抓手，也是助力乡村振兴的抓手。必须通过产业培育和项目建设来提高脱贫地区就业体系的稳定性，确保脱贫地区的群众能够享有比较充足的就业机会从而长期摆脱贫困。

3. 以巩固脱贫攻坚成果推动乡村振兴，确保教育针对性是基本前提

无论是义务教育，还是职业教育，提高脱贫地区的教育质量是确保脱贫地区顺利实现乡村振兴目标的根本前提。只有通过提高教育质量，全方位改善和优化贫困地区的人力资本，这些家庭和地区才会具备源源不断的内生动力。

4. 以巩固脱贫攻坚成果推动乡村振兴，确保治理有效性是重要支撑

无论是脱贫攻坚，还是乡村振兴，都是一项复杂的系统工程，需要有为政府与有效市场的深度融合，而实现这一目标则需要不断提高治理体系的能力和水平，不断克服乡村振兴过程中所遇到的种种问题。

“五抓五提”加快“一县一业”建设助力乡村振兴

——云南省楚雄市元谋县乡村振兴实践案例

背景导读

元谋县位于滇中高原北部，东倚武定，南接禄丰，西邻大姚，北连四川会理，西南与牟定接壤，西北与永仁毗邻。全县辖区面积2025平方公里，辖3镇7乡77个村（社区）655个村（居）民小组。2021年末全县常住人口20.15万人，有耕地面积48.09万亩，属典型的农业县。

元谋县历史悠久，因孕育了170万年前的“元谋人”，被誉为“东方人类发祥地”。首先，其区位优越。县城距州府楚雄134公里、省城昆明156公里、四川攀枝花139公里，G108、S227、G5京昆高速公路、昆明至西昌动车横穿腹地，楚攀天然气管道过境新华，金沙江三级航道常年通航，是大滇西旅游环线的重要节点，公路、铁路、水上航运、管道立体交通运输网络通畅便捷。其次，元谋县地势四周高、中间低，且处于低纬度、高原低海拔地区，气候温热，属南亚热带季风气候，光热充足，年日照时数2534.7小时，年平均温度21.6℃，年均降雨量637.5毫米、蒸发量1664.4毫米，蒸发量是降雨量的2.6倍，素有“天然温室”之称。再次，其民族众多。元谋县居住着汉族、彝族、傈僳族、回族、苗族、傣族、蒙古族等多个民族，少数民族占总人口的38.07%。最后，其资源丰富。生物资源方面，主产蔬菜、水果、种子等经济作物，主要销往京津冀、长三角、珠三角、粤港澳大湾区、成渝等国内200多个大中城市，出口到韩国、日本、俄罗斯、东盟等国家。

2021年，全县种植蔬菜24万亩，产量75万吨，产值23.2亿元，种植特色水果13.4万亩，产量25万吨，产值15.2亿元。

基本做法

近年来，元谋县认真贯彻落实习近平总书记考察云南重要讲话精神，紧扣云南省打造世界一流“绿色食品牌”决策部署，创新“五抓五提”举措，加快“一县一业”示范县创建，大力推进蔬菜种子端和电商端“两端”建设工程，打造全省现代蔬菜产业示范样板，推动元谋蔬菜产业提质增效和转型升级。2021年，元谋县“一县一业”示范创建围绕“五化”水平提升，实施项目7个，获得省级财政补助资金3000万元，带动全县1.73亿元产业投资，进一步夯实产业发展基础、促进脱贫户增收、助推乡村振兴。

一、抓聚集，提升“规模化”水平

元谋县立足得天独厚的资源优势，坚持政府引导、企业主体原则，按照“大产业 + 新主体 + 新平台”发展模式，充分发挥市场主体在产业发展、投资建设、产品营销等方面的主导作用，聚焦发展蔬菜、水果、制繁种、花卉四大优势产业，通过加大规模种植基地、种植大户、100 亩连片种植培育力度，新型经营主体、规模化连片种植比重达 80% 以上，主要农作物耕种收综合机械化水平达 70% 以上，农业科技贡献率达到 80% 以上，良种覆盖率达到 100%。一是规模化种植水平不断扩大。2021 年，全县种植蔬菜 24.11 万亩，累计外销蔬菜 74.9 万吨，农民卖菜总收入达 23.2 亿元；全县种植葡萄、青枣、橙子等经济林果 13.4 万亩，产量 19.45 万吨，总产值 14.3 亿元；发展花卉种植 1.1 万亩，综合产值 1.14 亿元；发展繁制种面积 1.29 万亩，总产值近 1.1 亿元。二是规模化加工能力不断提升。2021 年全县农产品加工产值达 109 亿元，与农业产值比达 2.2∶1。

二、抓重点，提升“专业化”水平

突出重点培强壮大蔬菜、水果两大主导型产业，积极培育花卉、制繁种两个引导型产业，大力发展绿色食品制造业和休闲观光业。通过积极引导扶持，目前，元马镇星火社区和禾阳村委会的黄瓜、黄瓜园镇龙山村委会的番茄、点连村委会的青枣、平田新昌村委会的洋葱、老城乡王丙庄村的火龙果、那能村委会的花卉、物茂乡虎溪村的凤梨释迦、新华乡的桃李、姜驿乡的蜜桃等已形成“一村一品”产业发展格局。元谋县黄瓜园镇被认定为全国“一村一品”示范村镇，元马、新华、姜驿等 3 个乡镇成功入选云南省“一村一品”示范村镇目录，10 个乡镇 31 个蔬菜及水果种植村被认定云南省“一村一品”专业村，有

13 个蔬菜种植村被认定为州级“一村一品”专业村。

三、抓品质，提升“绿色化”水平

2017 年，元谋县被评为首批“全国首批农产品质量安全县”。元谋县以此为契机，围绕“全县无公害农产品产地认定，绿色食品产地环境质量达标，出口蔬菜质量安全管理示范”的目标，大力示范推广绿色有机标准化生产技术，始终坚持绿色化、有机化品牌发展理念，从农产品生产、加工、销售等环节制定技术标准和监管措施，推广有机肥和蔬菜生产绿色防控技术，突出抓好蔬菜、水果主导产业绿色化发展。坚持不懈开展化肥农药使用量零增长行动，全县农药化肥使用总量连续实现了负增长。2021 年，全县累计农产品“三品一标”认证 184 个，认证面积 27.77 万亩，其中：无公害农产品获证产品 27 个，认证面积 15.58 万亩；绿色食品获证产品 60 个，认证面积 8.67 万亩；有机产品认证 90 个产品，基地面积 3.52 万亩；有机转换认证产品 7 个。

四、抓主体，提升“组织化”水平

按照“大产业 + 新主体 + 新平台”发展模式，每年鼓励支持专业合作社申报国家级示范社 1 个、省级 2 个、州级 2 个、县级 5 个，培育省级农业产业化龙头企业 1 户、州级 5 户，培育电商企业 20 户，新增网店 30 家。目前，全县共培育省、州级农业产业化经营龙头企业 92 户，其中：省级以上农业产业化龙头企业 23 户，销售收入达 1 亿元以上的农业龙头企业 9 个。发展各类农民专业合作组织 445 个，家庭农场583个，其中：国家级农民专业合作社示范社6个，省级示范社13个，州级示范社23个，县级示范社44个。

五、抓品牌，提升“市场化”水平

加快推进元谋果蔬博览城建设，全面推进蔬菜外销统一交易、统一检测、统一包装、统一结算、统一物流“五统一”市场体系建设，加快建设元谋县农业大数据平台，打造智慧农业与农产品质量追溯体系。目前，“元谋番茄”“元谋青枣”获得国家地理性证明商标，“元谋蔬菜”“元谋水果”2个集体商标获国家工商总局注册。“元绿”牌洋葱、“自然之星”牌有机甜脆玉米、“信旺爱”牌牛蒡、“果先锋”牌鲜食葡萄、“东方一号”牌葡萄、“芸岭鲜生”牌有机蔬菜6个农产品10次获“云南省十大名品”表彰，成为全省获“十大名品”表彰次数最多的县。

六、抓保障，提升“现代化”水平

“一县一业”离不开农业现代化的可持续保障。元谋县为发展优质、高效、生态、安全的高原特色现代化农业，以推进农业现代化为抓手，采用高效节水灌溉方式，强化信息化体系建设，健全电子商务公共服务体系，实现农业产业智能化、数字化、网络化转型升级。

智能化改变灌溉方式，农业发展更加节水高效。为打破元谋县年均缺水达1.2亿立方米的瓶颈，以节水减排为重点，补齐农业水利配套设施短板，建设高效节水灌溉工程。通过提升精准灌溉水平，实现供水控制自动化，提高供水保证率和水资源利用率。采用“政府投入+企业投资+群众自筹”的PPP模式，斥资3.08亿元实施11.4万亩高效节水灌溉项目，覆盖110个自然村6.63万人，铺设主管、干管等灌溉设备直通田间地头，建成管道自动化控制及监控系统，改变了传统沟渠输水、大水漫灌方式，实现低压管道输水、喷灌和滴灌。通过智能水表“精准计量、刷卡取水”方式，群众可24小时充值刷卡取水，IC卡刷卡区联通水阀，刷卡后自动取水滴灌，可同时将水和液体有机肥精准送达农作物根部，有效减少了用水量、水资源污染和途中损耗。亩次灌溉由原传统渠系灌溉100立方米减少到15～20立方米，节水50%～85%，供水保证率可达75%以上，灌溉水有效利用系数从0.42提高到0.9，年节约用水达2158万立方米以上，带动种植和日常管理工人人数减少60%以上。

大数据改变管理方式，信息化体系建设更加完善。元谋县依托云南省“一县一业”示范县创建项目，率先开展农村管理数字化试点，投资344万元建成元谋县农业大数据中心，设置农业资源信息共享、物联网远程作业、病虫害线上专家解答、区块链质量追溯、农产品电商综合服务等功能，建成农业大数据、农业科技创新成果等“八个主题展厅”，基本构建起覆盖产前、产中、产后农业全产业链，集数据监测、分析、发布和服务于一体的农业数据云平台。运用“大数据+现代农业”，分析已掌握气象、天气、降雨、地质土壤调查等数据，预测对农作物产量可能造成的影响和破坏情况，帮助农民选择相应农业保险来抵消气候环境对农业生产带来的影响。农业大数据基础管理平台、农业资源与产业一张图、农业农村大数据应用一网云平台、大数据应用云平台和“数字元谋”手机App同步上线运行，农户只需登录“元谋县果蔬智慧云平台”，便可掌握从种植加工到市场销售的数据信息，上传农作物病虫害照片就能得到权威专家在线解答，用过什么药、具体负责人等数据真实可靠，彻底改变了传统农业投入大、回报慢、风险高、竞争弱等劣势。在4个果蔬生产基地建设质量追溯体系核心示范区，通过元谋县农产品质量安全溯源与品牌推广现代化智能系统平台，实现农产品从“种子到消费产品再到餐桌”的全程可视化溯源和质量安全追溯。

物联网改变生产方式，农业生产更加精准化。元谋县着力推进物联网、大数据、云计算、移动互联网等现代信息技术和农业智能装备在农业全产业链应用，降低农业生产成本，不断提升农作物产量和质量。大力实施“物联网+现代农业”，以“测得出、使得快、算得灵、用得好”为建设标准，采用小气候智能化自动控制系统，把传感器转换成低成本、便携式的仪器设备，一体化高效综合管控水、肥、光照、温度，实时在线监测和农业生产全程自动化控制农业环境（温度、湿度、风力）、土壤信息（土壤墒情、pH值、氮素等）。如：在果蔬种植基地里，实施使用营养液替代土壤种植的“无土种植”，当物联网摄像头上的传感器探测到温湿度、营养液液位、氮磷钾含量等出现异常时，便会自动控制调整，及时补充具有节水、省肥、高效、无污染的营养液。物联网技术使企业管理人员坐在办公室就能实时掌握果蔬生长情况，并能对作业工人进行远程管理，成功扮演了大数据“育苗管家”的角色。通过对农业生产经营主体数据、投入品登记数据、生产经营数据等数据进行分析，实现基于“一张图”的农业投入品（种子、化肥、农药）的准入监管、经营监管。为农业生产者或农户提供从选种、育苗、种植过程到生产加工的全程大数据指导和服务，提供操作记录以及资金消费记录，帮助把握生产过程，了解并控制生产成本。

电子商务改变销售方式，农产品销售更加便利化。元谋县大力推行农产品直供直销、电子商务等新型流通业态，积极探索实施“互联网+现代农业”模式，有效解决农村买卖难问题，不断提高农民收入。自主建设元谋农产品信息网进行B2B交易，开展“县乡村”三级电商培训服务，搭建起县乡村三级电子商务公共服务体系和物流配送体系，实现县乡村三级物流全覆盖。目前，已建成县乡村三级电商运营中心及服务站点共51个，建成县级物流、智慧物流青枣和洋葱分拣中心3个，日分拣能力达到200吨以上。全县纳入电商统计的企业累计实现电子商务销售额13.2亿元。

专家点评

元谋县在乡村振兴中以“一县一业”为突破点，大力发展有市场、效益好、覆盖广、带动强的特色优势扶贫产业带动贫困户增收。重点培育蔬菜、水果、花卉、繁制种等四大主导产业，形成良好产业振兴基础，为全面乡村振兴开了好局，探索走出了独特的发展之路，具有很强的典型示范意义。

1.“一县一业”是后发展地区产业振兴的重要路径

乡村振兴的关键是产业振兴，但后发展地区往往产业优势很弱，难以形成产业集聚效应。因此，基于自身禀赋条件，基于全面布局而打好产业振兴的攻坚战，可以通过聚集优势力量，从最具优势的独特主导产业入手，形成特色发展模式，探索产业发展的全面经验。

2.“一县一业”的关键是要选好产业

产业选择上要注意资源禀赋与市场导向相结合，一方面立足本地资源，根据当地自然历史条件充分发挥比较优势；另一方面要把握市场经济发展变化的趋势，选择具有市场需求的名、优、特、新农产品，尽量避免直面竞争激烈的市场环境，选择差异化的战略和目标，做到人无我有，人有我优，才能在激烈的市场竞争中立于不败之地。

3.“一县一业”必须走好产业化道路

产业化道路是扩大经营规模、延长产业链条、提高经济效益的必然选择。依托当地主导产业生产基地建设，通过前向、后向、侧向关联效应，吸引一大批相关企业集中发展，形成以特色农产品的种植为中心，农业生产资料、农产品加工、流通、营销为一体的农业产业化生产体系，使特色农业走上良性循环、持续发展的道路。

4.“一县一业”必须实施品牌发展战略

品牌是一个产品的灵魂，其可以弥补农产品质量隐蔽性的不足，有助于消费者识别特定的农产品，再好的产品如果不能做好品牌，就不能为人所知，也不可能取得良好的经济效益。我国农村经济发展缓慢，很大原因在于大多数地区没有形成品牌概念，农产品市场长时间处于完全竞争的状态，加之信息传递滞后，使国内农产品在国际销售市场上长期处于劣势。因此，强化品牌意识是“一县一业”的必然要求。

5.“一县一业”离不开政府引导规划和扶持

发展“一县一业”，政府需解决农户、集体或企业在发展中自身无法解决的难题，例如相关基础设施的建设、征地、招商引资、信贷融资等相关优惠政策的扶持和公共服务的提供。同时为保证政府职能与市场功能的协调，政府应该坚持小政府的角色定位，履行好监管、引导、调控、服务等公共职能，为农业产业化发展创造良好的外部环境，尊重市场在资源配置中的决定作用，而限制其对具体的农业生产经营活动的直接干预，保证市场规律不阻碍农业生产发展。

6.“一县一业”要重视现代化新型农业组织的培育

以龙头企业和农民合作社为代表的现代农业组织是推动“一县一业”特色农业产业化发展的重要组织载体。现代农业组织主要包括农业产业化龙头企业、合作经济组织、家庭农场、种植大户等，他们通过各种形式将分散的土地集中起来，实施统一种植生产，促进了农业生产的规模化和标准化，保证农产品质量的同时，还可以获取规模效益；此外现代农业组织将单个农户的分散生产转变为分工细致的专业化生产，将分散销售转变为统一销售，有力地提高了农产品的生产效率和市场竞争力，同时其把分散的财力物力智力组织起来，通过专业化分工和协作，延伸了产业链条，提高了农产品附加值，一定程度上分散了独立个体所承担的市场风险，促进“一县一业”特色农业产业化发展。现代农业组织将分散的小农户联结起来与大市场进行对接，提升小农户在市场参与中的经济地位，避免分散的小户自发行动的盲目性和趋同性，对农民生产技能的完善、素质的提高也具有积极促进作用。

践行“三步工作法”，积极探索推进乡村振兴的新模式

——云南省普洱市墨江县孟弄彝族乡隔界田组乡村振兴实践案例

背景导读

民族要复兴，乡村必振兴。自实施乡村振兴战略以来，墨江县紧扣乡村振兴“20 字方针”，围绕“五大振兴”，践行“三步工作法”，以开展“百千万”乡村振兴示范创建为载体，充分挖掘墨临高速、昆曼国际大通道和泛亚铁路重要节点的通道潜力，持续巩固拓展脱贫攻坚成果，积极探索推进农村经济社会全面发展的新模式、新业态、新路径。2021 年启动实施 1 个示范乡镇、1 个精品示范村和 12 个美丽村庄建设项目；2022 年，墨江县计划实施 1 个示范乡镇、3 个精品示范村和 11 个美丽村庄建设项目。孟弄彝族乡富东村隔界田组是墨江县第一批打造的乡村振兴示范点，位于孟弄彝族乡政府驻地富东村，组内有 76 户 284 人，脱贫户 38 户 156 人，是一个典型的彝族聚居古村落。

墨江县孟弄彝族乡是云南省墨江县唯一的民族乡，距离县城39公里，墨临高速穿境而过，位于县城半小时经济圈内西北方向。世居彝族、哈尼族、汉族、傣族、拉祜族等民族，主要有烤烟、茶叶、核桃、畜牧、木薯、咖啡、水稻、佛手、玉米等产业，区位、交通、自然、文化等资源优势显著。孟弄彝族乡富东村隔界田组距离乡政府驻地1公里，海拔1030米，年平均气温18.3℃，年降水1300毫米，适宜木薯、辣椒、水稻、玉米等多种作物种植。

基本做法

孟弄彝族乡富东村隔界田组锚定生态产业化方向，紧扣特色民族文化主题，发挥党建引领作用，借力上海帮扶资源，深入打造“一核牵四心”的彝族特色乡村旅游村寨和高标准的乡村振兴示范点：“一核”即由水上博物馆及沙滩舞场形成的聂苏泼彝家文化核，“四心”即“河流→梯田→村寨→森林”四素同构的生命、生产、生活、生态中心。

目前已投入建设资金1320.8万元，主要实施核心区功能建设、林间步道、田园改造、村庄美化、彝族特色民宿改造、彝族特色农家园、家居美化亮化、基层党建阵地等工程。全期项目落成后，隔界田彝族特色乡村旅游开发建设项目将从吃、住、行、游、购、娱等多方面综合打造乡村“品质游”优质品牌，优化农村产业结构，传承民族乡土文化，提升乡村人居环境，完善乡村治理体系，全面聚力乡村振兴。

一、在生态产业化上下功夫，优化产业结构，夯实振兴经济基础

坚持完整准确全面贯彻新发展理念，主动融入普洱市“国际生态旅游胜地”、墨江县“国际双胞生态旅游城”的发展大局，立足隔界田交通区位、河谷资源、田园风光、民族文化等天然优势，持续做大做强有机农产品生产、乡村旅游、休闲农业和农耕文化体验等生态产业。以生态农业为基础，通过开发稻田养鱼、特色农家园、风情民宿、生态采摘园、乡村徒步、彝家小吃、休闲游泳、田耕文化体验等延伸产业链、提升附加值，努力把隔界田打造成集休闲、娱乐、体验、观光为一体的彝族文化乡村旅游示范村寨。通过“三产带动一产、一产服务三产”的紧密融合、良性互动，实现村民家门口就业、创业，带动群众增收致富。目前，隔界田彝族特色乡村旅游开发建设项目已带动38户贫困户156人贫困人口脱贫，11户农户自主创业，80名群众实现就近就地就业。

二、在特色民族文化上下功夫，注重文化传承，系牢振兴情感纽带

隔界田组特色乡村旅游村寨建设紧扣聂苏泼彝家文化核，成立彝族文化传习所，培养彝族文字传承人3名，组建了彝族文艺队2支，自编自创了《彝族四弦曲》彝调6首、《彝族四弦舞》8支。把握彝族传统节庆等重要节点，比如在每年农历二月属牛、属虎日的“咪嘎哈”

文化节，隆重举行祭祀大典、民族歌谣传唱、彝族美食汇等；在农历六月二十四的彝族火把节，隆重举行祭火仪式、彝族服饰展、篝火晚会、火把巡游等活动，以庆典活动凝聚乡村吸引力与民族向心力。充分发挥乡绅耆老在挖掘、传承和保护民族乡土文化中的重要作用，成立孟弄彝族乡老年大学隔界田教学点和墨江县银发专家助力乡村振兴孟弄工作站，组建银发文艺队、银发志愿队等，定期编排彝族舞蹈、歌曲，传弹四弦琴，开展彝族文化传承宣讲，以彝族特色文化赋能乡村旅游和文化振兴。

三、在聚力乡村善治上下功夫，创新“党建 +N”模式，凝聚振兴干群智慧

“党建 + 服务”完善帮带模式，健全乡、村、组、党员中心户四级“网格化”管理和服务体系，53 名乡机关、中心、站所、院校干部职工和村组干部采取“一对一”“一对多”“多对一”的方式进行帮带服务，党员中心户采取“一带多”方式进行帮带服务，充分发挥“一个支部一个堡垒”“一名党员一面旗帜”作用，实现 76 户农户家家有干部帮扶、有党员帮带。“党建 + 人才”优化人才储备，充分发挥乡村两级基层党组织在聚贤培才中的重要作用，打好“内培与外引”组合拳，结合乡村旅游项目建设需求科学规划人才结构，加大人才回引，加强本土培养，“套餐式”开展文化传承、市场管理、果树种植、餐饮服务等技能培训。近年来，在项目带动下已培育和回引乡土人才、县级非遗传承人、彝族文化传承人、特色餐饮能手等 33 名。“党建 + 治理”推动绿色发展，以保护和保存“彝族特色村落”为主导，常态化开展生态保

护、人居环境整治、清河、雨污治理、村庄绿化行动，实行“党员责任包保”方式保护村内古树名树，扎实践行“绿水青山就是金山银山”的发展理念。

通过以上基本做法，可以发现，墨江在推动乡村振兴中形成规律性认知，主要有：一是带动特色农业，打响生态农产品品牌。在景点内专区设置10个农特产品展销台，对孟弄彝族乡7个村的紫谷、红心糯米、生态茶、长蕊甜菜、木薯、香橼佛手、晚熟芒果、三华李、蟠桃等特色农产品进行季节性和专题性展销，有效提高特色农业销售组织化程度，有力打出彝族特色生态农产品品牌，有序推进“一村一品”特色产业健康发展。全期项目投入运营后，预计带动每年增收500万元以上。二是推动三产融合，构建乡村产业合理布局。以孟弄彝族乡特色生态农产品为基础进行深加工、精包装，面向乡村旅游市场需求，做成速食、文创等旅游产品，依托三产市场带动上游二产稳步发展，提高产业附加值，拓宽销售渠道，有效解决特色农产品销售难、周期短、价格低等问题，形成三产带一产、销二产的良性互动，实现一二三产融合发展的地区产业合理布局。全期项目投入运营后，预计带动每年增收300万元以上。三是壮大集体经济，带动群众就业增收。采取“村级合作社+开发商+农户”模式投资运营，因地制宜开发采摘园、农耕文化体验、彝族特色小吃、彝族文化体验、休闲度假等项目产品，预计日均吸引游客量可达1000人，每年创收超1000万元，村集体每年创收10万元以上，农户每年财产性增收5万元以上。每年可解决当地群众就近就业200余人，增加就业收入100万元以上。四是挖掘彝族特色，助力民族文化保护传承。隔界田是一个彝族聂苏泼特色村寨，传统的彝族语言文字、文化习俗、歌舞和服饰等在此世代相传，至今仍较为完整地保存着。依托隔界田彝族特色乡村旅游项目，有针对、有计划、系统化地将把四弦舞、四弦曲、二十四调、“咪嘎哈”、火把节等彝族文化进行保护性开发和传承，可更加有效地挖掘和传承民族文化特色。

专家点评

云南省墨江县地处云贵高原西南边缘、横断山系纵谷区东南段，是一个以哈尼族为主的少数民族聚居的国家级贫困县，在全面脱贫之后，围绕“五大振兴”，践行“三步工作法”，发挥交通优势，充分挖掘国际通道潜力，积极探索推进乡村振兴的新模式、新业态、新路径。作为墨江县唯一的少数民族聚居的民族乡，孟弄彝族乡隔界田组立足资源禀赋和民族特色，围绕“生态产业—民族特色—基层治理”三大体系，大力推动生态产业化，优化产业结构；发挥特色民族文化优势，振兴乡村文化和旅游；创新“党建 +N”模式，强化乡村善治。这一系列富有特色和针对性的举措，不仅打响生态农产品品牌，促进乡村产业合理布局，壮大农村集体经济，更为解决“三农”问题、促进乡村振兴奠定坚实基础。

产业振兴推动脱贫攻坚与乡村振兴的闽东样板

——福建省宁德市古田县乡村振兴实践案例

背景导读

古田又称玉田，隶属宁德市，位于福建省东北部，地处福州、南平、宁德、三明四市交汇处，唐开元二十九年（公元 741 年）建县，地域面积 2385.2 平方公里，人口 43.5 万。

古田县食用菌生产历史悠久，早在隋大业年间（公元 609 年）境内就有人从事香菇生产。20 世纪 60 年代初，古田人就开始用椴木栽培银耳；70 年代中后期，先后试验成功银耳瓶栽和银耳袋栽技术，在全球首创食用菌袋栽技术，使银耳生产成本大大降低，普及推广到了偏僻的山村；特别是历经 1958 年建设新中国第一个五年计划“101 工程”——古田溪水电站建设和 1988 年建设华东最大的水口水电站后，“库区”成为古田县最大的县情，古田人民先后两次移民 11 万人，面对十分有限的耕地资源以及移民搬迁后“一穷二白”的状况，古田人民只能深耕食用菌这一“不与人争粮、不与粮争地、不与地争肥、不与农争时”的绿色产业，但主要以小农户生产为主，规模小、产量低，随着食用菌产业的发展，瓶颈制约越来越明显，龙头企业数量少、规模不大、品牌不响、带动力不强，整体抗御自然和市场双重风险能力较差，生产盲目性、随意性、脆弱性还没有得以根本转变，增收致富的能力有待进一步提升。

基本做法

1989 年 8 月时任宁德地委书记、2001 年 8 月时任福建省省长的习近平同志，先后两次到古田调研考察，对如何搞好食用菌产业发展作出了重要指示，为推动食用菌产业转型升级指明了方向。特别是习近平同志在宁德工作期间，面对闽东贫困落后的客观实际，以“摆脱贫困”为工作主线，大力弘扬“弱鸟先飞，滴水穿石，久久为功”的“闽东精神”，翻开了扶贫开发、摆脱贫困事业的新篇章。

多年来历届县委、县政府始终牢记嘱托，坚持以“弱鸟先飞，滴水穿石，久久为功”的“闽东精神”为指引，围绕把食用菌产业培育成县域经济的支柱产业这一“蓝图”，团结带领全县上下苦干实干、探索创新，在全国率先掀起了银耳、香菇、竹荪、黑木耳、茶薪菇生产的“五次浪潮”，逐步探索形成了食用菌生产“县域工厂化”古田模式。20 世纪 80 年代中期以来，古田县相继被授予“中国食用菌之都”“中国银耳之乡”“全国食用菌行业先进县”“全国食用菌产业化建设示范县”等称号，成功创建国家级食用菌产品出口质量安全示范区、国家级现代食用菌产业园。食用菌产业已成为古田县农村经济的支柱产业和农民脱贫致富奔小康的主要途径，来自食用菌产业的收入占农民人均总收入的 1/2 以上。

一、模式解析：以菌立县，小农户生产转型升级的探索实践

古田县抢抓入选“全国农村一二三产业融合发展先导区”和“国家级现代农业产业园”机遇，结合推进农业供给侧结构性改革，坚持向改革要活力，创新思路举措，积极推动食用菌产业高质量转型升级，走出一条政府引领、农民主体、市场主导、创新推动的产业振兴发展路子。

（一）改革种植方式，推进“工厂化”模式

在培育发展食用菌产业过程中，小规模农户生产仍然是农业的主要形式，长期存在的生产设施简陋、产能不足、安全隐患大等突出问题，为改变这一现状，古田县按照标准化、集约化、专业化的现代化农业生产要求，积极推进“县域工厂化”生产。

食用菌旧菇棚

政府出资建设食用菌产业园标准化厂房，通过租、售等模式交予种植户使用，提高标准化种植比重。

推动菌包专业化、机械化生产，将菌包生产、产品初加工（烘干）环节进行集中专业化生产。

针对用工难用工贵、灭菌不彻底感染率高、烘干成本高、资金不足、土地利用率不高等难题，有节点、分步骤对老旧生产菇房进行升级改造和实施食用菌“光伏+”项目，2019年至2021年改造提升1万间。

推动技术革新。深化产学研合作。与福建农林大学共建福建农林大学（古田）菌业研究院、与国家菌草工程技术研究中心签约设立“国家菌草工程研究中心示范推广基地”，将高校科研平台直接建到古田，充分借助高校雄厚、先进的科研能力，在新品种引进、培育、驯化等方面取得突破性进展。

食用菌智能温控标准化菇棚

福建农林大学（古田）菌业研究院

菌包养菌供应中心

推行社会化服务。建设食用菌原辅料市场，强化棉籽壳、麦皮等原辅料产品质量监管，推动菌、棒专业化生产，建设银耳菌棒供应中心，推行专业化菌包养菌销售新模式，不断完善食用菌社会化服务体系配套建设。目前，全县拥有8家辅料市场，40多家菌包厂，100多家菌种场，接种团队100多个，专业合作社400多个，实现农户食用菌生产、加工等一体化的社会服务。

（二）改进生产方式，助推“企业化”生产

拉长产业链条，大力发展食用菌精深加工，提高食用菌产品附加值。打造首个百亿工业园区。规划建设国家（食用菌）现代农业产业园，推动产业专业化分工和集聚化发展；整合提升中心城区周边三大工业园区，建设古田食用菌产业园区（分为东区、西区、北区），致力将其打造成为首个百亿工业园区。目前，食用菌产业园东区244家精深加工企业年产值近40亿元。

引进食用菌精深加工企业。出台《加快食品加工业发展的若干意见》，建设食用菌精深加工中心，扶持以食用菌为重点的企业向农产品精深加工发展。重点推进食用菌产业园标准化厂房建设，吸引更多食用菌精深加工企业入驻。2020年以来，签约引进三友、闽鹰、安发、昊德盟、古松和上海塞翁福等8家龙头企业，预计投产后年增加产值20亿元。

推进食用菌生产、加工等各环节的自动化、机械化生产，目前，全县食用菌设备生产企业共10余家，2020年产值约1亿元。特别是近年来自主研发的银耳装袋打孔贴胶带一体机、自动微电脑高压灭菌设备等科研成果获国家发明专利。

（三）改变营销模式，推动“信息化”营销

开展实施“名牌战略”。为解决农户自产自销、农贸市场批发销售、合作社组织销售等传统模式下流通过程效率低、鲜品难以远距离销售等问题，县财政每年安排专项资金扶持商标品牌创建。2018年古田银耳作为“国家品牌计划——广告精准扶贫”项目在央视展播；2019年4月在北京新华社举办“古田银耳”品牌推介会，连续两年举办中国（古田）食用菌大会，把中国（古田）食用菌大会办成国内外最具

影响力的食用菌技术、产品、文化的交流平台。

规范食用菌形象。制定《品牌使用管理规则》，规范品牌使用权限，授权顺达等27家规模企业使用“古田银耳”驰名商标及地理标志；创立“十方田”公共品牌，成立十方田商贸有限公司，负责“十方田”公共品牌的管理、营销和推广；推动古田银耳示范联盟建设，打造出强强联合的古田银耳产品供应链。

发展电子商务。抢抓“互联网+”发展机遇，建立全国首家以食用菌为主题的电子商务创业园及民富线上线下商城，扶持大学生、农户自主创业，入驻商城企业30多家，电商园年销售突破2亿元，日均为农户销售银耳2万袋以上；结合创建省级农村电商示范县，推动电子商务向农村纵深拓展，淘系电商年交易额突破10亿元。探索“直播+运营”模式，主动破解农产品卖难。

古田县十方田银耳推介直播

（四）改善金融模式，助力农户食用菌产业“规模化”发展

食用菌产业前期需要投入较多资金用于菇棚等固定资产建设和生

产流动资金，但农户传统涉农资产在银行却无法抵押贷款。为有效破解发展资金瓶颈，古田县加快推进金融改革，每年盘活 30 多亿元信贷资金大力支持食用菌产业发展。

创新设立“民富中心”。通过合作社培育、金融创新、公共品牌运作等，把民富中心打造成“三农”综合服务平台。抓住全国农村“两权”抵押贷款试点契机，探索推出“两权”+ 新型农业经营主体等模式，有效盘活农村“沉睡资产”。截至目前，全县“两权”抵押贷款累计余额 30.76 亿元，县民富中心累计为合作社社员提供信贷资金 2737 笔、金额 7.46 亿元，发放农信社“民富卡”1.9 万张、授信 8.42 亿元，用信 3.42 亿元。

古田县普惠金融服务中心

打造农村信用平台。为解决金融机构信息不对称问题，有效整合县民政、法院、税务等部门信息，搭建古田县农村征信和政银企农交流服务平台，加载农户非银行信用信息查询、失信公示、政银企农实时交流等“线上”功能，实现金融机构和农户“线下”有效对接并定制个性化融资方案的服务模式。

创新推动涉农保险工作。在全国率先推出银耳种植保险产品，提升农民特别是贫困户生产安全保障，全县2046户农户办理银耳种植保险。

二、古田食用菌产业在富民兴县中大显身手

（一）标杆：食用菌产量占比在世界排名突出

2020年全县栽培各类食用菌14亿袋，食用菌鲜品产量90.14万吨，年产值51.06亿元，出口创汇7.5亿美元，产业链总产值近200亿元，特别是银耳产量达35.44万吨，约占全国总产量的95%、世界总产量的90%，食用菌产业已成为推动古田县经济社会发展以及巩固脱贫成果、实现乡村振兴的重要力量。

2016—2020年全县食用菌产量产值情况

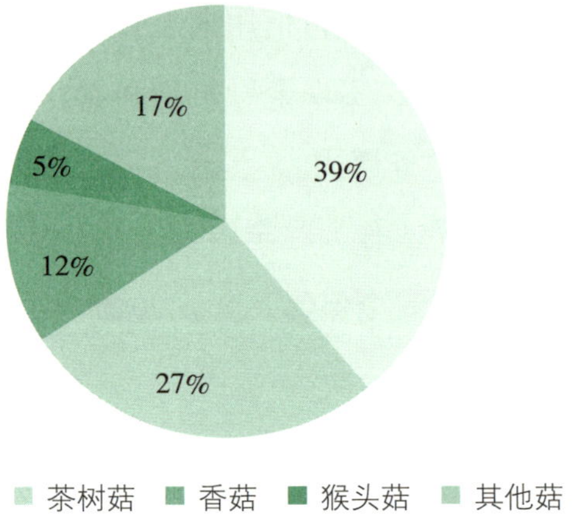

2020 年全县食用菌总产量占比分布情况

（二）强县：食用菌产业促进县域经济发展效果鲜明

长期以来，全县生产总值的 60% 来自食用菌产业。尤其是党的十八大以来，古田县委、县政府积极调结构、转方式、促升级，推动一产带二产促三产，不断优化县域产业结构。近五年来，二、三产业年均分别增长 4.3% 和 6.6%，三次产业结构由 2016 年的 26.5∶34.5∶39.1，调整为 2020 年的 23.9∶25.4∶50.7。2020 年，全县生产总值 204.97 亿元、地方一般公共预算收入 7.48 亿元，分别比 2016 年增长 18.8%、8.1%。

（三）富民：食用菌产业助力百姓脱贫致富

古田是福建省最大的库区移民县，新中国成立以来两次移民人口占全县人口的 28.5%，确保移民安居乐业成为古田县头等大事。勤劳的古田人民用智慧和双手开创发展食用菌产业，走上了发家致富的道路。全县近 70% 的农村家庭从事食用菌产供销活动，70% 的劳动力从事与食用菌产业相关工作，农民收入的 70% 来自食用菌产业。2020 年全县农村居民人均可支配收入 20262 元，连续 17 年保持宁德市第一。

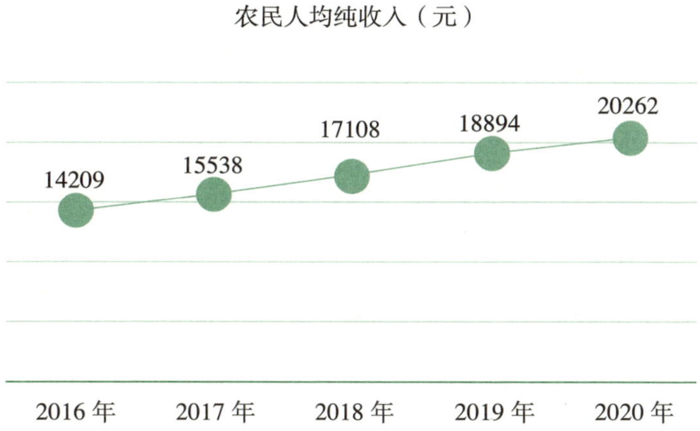

2016—2020 年全县农民人均可支配收入情况

（四）兴业：食用菌产业激活乡村经济发展活力

在推进食用菌产业发展过程中，古田县不断创新组织形式、经营方式，完善政策支持体系。

激活新型经营主体。食用菌产业带动了全县共有 833 家农民专业合作社、111 个家庭农场、28 家市级以上农业龙头企业。

激活线上线下交易市场。建设中国 · 福建古田食用菌批发市场，年交易额突破6亿元，古田县入选“全国农产品电子商务销售县域十二强”，并成为全国仅有的 3 个阿里巴巴农业上行电商“年度活力县域”之一。

激活制度框架改革。为满足食用菌产业发展需求，通过产权制度改革盘活了土地、房屋等资源，同时带动人才、技术、资金向食用菌产业集聚，每年仅投入食用菌产业的社会资金就达 50 亿元左右。

从事食用菌产业的企业分布情况

食用菌相关企业	龙头企业	合作社	设施栽培基地	烘干厂	菌包厂	菌种厂
数量（家）	28	284	25	87	47	107

（五）兴城：食用菌产业推动提升城乡建设和服务水平

食用菌产业不仅增加了百姓收入，更促进了地方建设和社会事业发展。高速公路、高铁贯穿境内，基本实现“镇镇有干线”“村村通客车”；城乡生活环境明显改善，生活污水、垃圾处理率分别达 85% 和 96%，信息化建设进村入户，实现宽带网络、数字电视行政村全覆盖；有更多致富了的农民进入城镇居住、工作、生活，近五年已累计转移农村劳动力 2.2 万人，城镇化率（常住人口）从 2016 年的 42.96%，提高到 2020 年 49.57%。

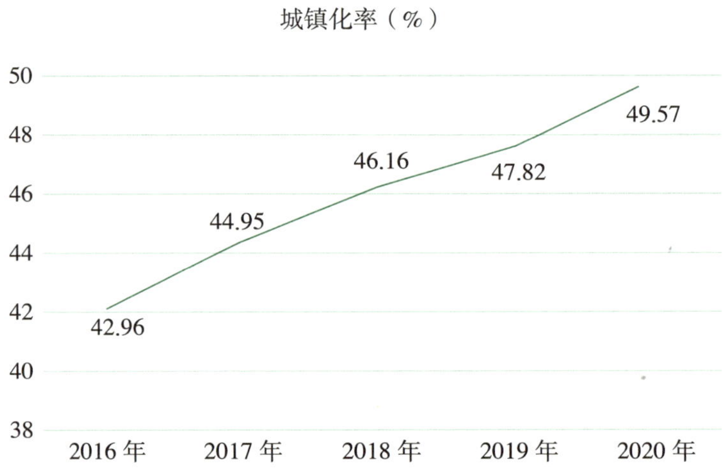

2016—2020 年城镇化率变化情况

专家点评

站在“两个一百年”奋斗目标的历史交汇点，从推动高质量发展实现共同富裕这一发展目标来看，古田县产业富民、产业兴县的经验，对闽东乃至全国进一步明晰巩固脱贫攻坚成果同乡村振兴有效衔接的实现路径具有重要的借鉴作用。

1. 规划引领是先导，一张蓝图上“久久为功，滴水穿石”

连续发展才能形成有效积累，才能形成发展的规模和网络效应。古田历届县委、县政府在“闽东精神”的指引下，坚持“以菌立县”，围绕建设“中国食用菌之都”的战略定位，“久久为功”一张蓝图绘到底，“滴水穿石”像接力赛一样，一棒一棒接着干，一届接着一届干，在同一张蓝图上“泼墨添彩”，这是古田县产业富民兴县的重要保证。

2. 技术创新是支撑，为富民产业插上科技的翅膀

现代化农业离不开科技创新，藏粮于地，藏粮于技，才能够确保饭碗稳稳端在中国人自己手里。古田县深刻领会习近平同志“推进闽东大农业的进程，必须以科技为先导，实行配套服务”的重要指示精神，在食用菌产业发展过程中，始终把技术创新作为产业发展的驱动力，通过新技术应用推广不断提升菌业发展水平，让广大百姓掌握新技术、运用于生产实践，才能给老百姓带来实实在在的利益。

3. 品牌打造是关键，持续增强产业的影响力和竞争力

市场经济中，品牌是生产价值实现的决定性因素。打造品牌就是提升价值实现度。古田县在菌业富民兴县中，始终坚持以市场为导向、以品质为依托，把打响古田食用菌品牌作为富民兴县的重要战略。因此，把一个产业培育成县域经济支柱，就必须要在质量上下功夫、在品牌打造上下狠力，这样的产业才能被市场认可，才会有竞争力和效益。

4. 机制创新是动力，不断激活经营主体和市场要素

产业发展的决定因素在于经营主体培育和要素配置。古田县历来重视农业经营体制机制创新，坚持运用政策引导、市场运作的办法培

育、发展、激活各类经营主体。因此，做大做强一个产业，必须要搞活经营主体，激活资源要素，唤醒农村沉睡资源，为产业发展注入强劲动力。

5. 政策支持是保障，让富民政策更精准有效

山区农业县的产业基础薄弱，培育做大主导产业需持续不断地扶持。古田县虽然经济实力较弱，财政支持力度有限，但坚持把力量花到要害处、把好钢用在刀刃上。因此，要把心贴近人民，以民为本、精准施策，让产业不断升级壮大，让农户从产业发展中有实实在在的获得感。

扎实做好巩固拓展脱贫攻坚成果同乡村振兴有效衔接，奋力实现“两个更好”

——河南省信阳市罗山县乡村振兴实践案例

背景导读

罗山县地处河南省东南部，大别山北麓，淮河南岸，总面积2077平方公里，辖17个乡镇、3个街道，305个村（社区），总人口78万，是省级扶贫开发工作重点县。2014年，习近平总书记两次赴河南视察，提出了县域治理“三起来”的要求，即“把强县和富民统一起来，把改革和发展结合起来，把城镇和乡村贯通起来”。近年来，罗山县深入贯彻习近平总书记视察河南重要讲话精神，坚持“三农”优先发展导向，持续巩固拓展脱贫攻坚成果，大力实施乡村振兴战略，积极推动县域治理“三起来”，加快建设“信罗同城化新兴增长极、高质量发展试验区、乡村振兴先行区、生态文明实践区、全域旅游示范区”的“一极四区”新罗山，奋力实现“把革命老区建设得更好，让老区人民过上更好生活”的“两个更好”新时代发展目标，在希望的田野上绘出美好生活的新画卷。在中央、省、市的支持和县委、县政府的带领下，罗山县先后荣获国家农产品质量安全县、国家卫生县城、全国茶旅融合发展示范县、全国粮食生产先进县和全国乡村建设评价样本县等荣誉，在全面实现乡村振兴和全面建设社会主义现代化罗山的康庄大道上阔步前行。

基本做法

习近平总书记指出，脱贫摘帽不是终点，而是新生活、新奋斗的起点。夺取脱贫攻坚全面胜利以来，罗山县在摸索中实践、在实践中革新，以责任落实、政策落实、工作落实为统领，举全县之力，吹响巩固脱贫成果集结号，唱响全面推进乡村振兴主旋律。

一、持续鼓劲加压，巩固脱贫成效“三落实”

（一）领导挂帅，推动落实

围绕调动人的积极性，形成三级联动、齐抓共管的长效机制，成立县委书记和县长任双指挥长的巩固脱贫攻坚成果同乡村振兴有效衔接工作指挥部，县领导躬身入局察实情，乡村干部扑下身子扎实干，全县上下齐心协力抓脱贫、苦干实干固成果。制定“八条”纪律，明确从县处级领导到一般帮扶干部工作要求，着力以“严”“实”工作作风，促进责任落实落地，提升帮扶工作成效。大力倡导“马上就办”精神，建立“13710”工作机制，所有问题坚持当天研究部署，3 天内反馈办理情况，一般性问题 7 天内落实解决，重要问题和复杂问题 1 个月内落实解决，所有事项跟踪销号，形成工作闭环。

（二）守牢底线，狠抓落实

用好政策“指挥棒”，在不折不扣落实中央和省、市各项扶贫惠农政策基础上，罗山县立足实际，补足补齐政策短板，推进巩固脱贫成果。首创轻度慢性病门诊救助政策，建立“第六道”医疗保障线，扩大医疗救助范围，填补门诊慢性病无法得到医疗补偿的政策空白，实现所有慢性病病种和患者全覆盖。罗山县以政策兜底构筑“防火墙”，阻断“因病致贫”“因病返贫”传导机制。该救助政策自出台以来，累计惠及群众近 2 万人。坚持扶贫先扶智、治贫先治愚，把精准脱贫技能培训作为挖掉穷根的治本之策来抓，充分发挥职业教育的脱贫致富直通车作用。“授人以鱼同时授人以渔”，首创“一周一村、送教下乡”精准脱贫技能培训，将培训班办到贫困村，把技能送到家门口，增强贫困群众在就业市场上的竞争力，争取实现培训一人、脱贫一家的目标。因地制宜推动产业扶贫。坚持挪穷窝与换穷业并举、搬迁与脱贫同步，通过建立扶贫车间，建设光伏发电站，成立后续发展公司，发展特色产业，安置公益岗位，确保搬迁群众能致富。全县共安置建档立卡脱贫户 840 户，后续发展得到有力保障，为有效衔接乡村振兴打下坚实基础。

（三）紧盯重点，强化落实

在巩固脱贫攻坚成果重点难点和关键点上下功夫，加强返贫风险常态化监测，实施监测对象动态管理，深入开展走访核查，聚焦“两不愁三保障”，将所有面临返贫致贫风险的农户纳入监测帮扶范围，明确科级干部“一对一”开展帮扶，用好防返贫保险、产业扶持、就业帮扶、临时救助、兜底保障等多种措施，稳固筑牢返贫防线。用好用活各类资金，扎实开展巩固提升行动，保障群众稳定增收。

提升农业产业发展质量，充分发挥国家级农产品质量安全县优势，通过“借外力、聚内力、激活力”方式，加大农业产业项目建设奖补力度，推动农产品品种培优、品质提升、品牌打造和标准化生产，扶持壮大龙头企业、中小合作社和家庭农场，增强带贫致富能力，带动5953户增收。提升群众就业创业能力，以县域内建档立卡脱贫户为主体，建立覆盖建筑、农事、家政、公益等行业的“幸福工程队”。配套研发“幸福罗山App”，通过组织培训、定制岗位、合理安置等途径，促进脱贫人口转移就业增收致富，受益脱贫户4855户。提升消费扶贫成效，创新消费扶贫工作举措，积极搭建消费帮扶产销平台，建成大别山扶贫农产品展销中心，开展预算单位采购行动，加强产销对接，持续推进帮扶产品进市场、进商超、进学校、进社区、进食堂，全面拓宽农产品销路，助推农户增收。楠杆镇田堰村的村办集体企业，与省事管局签署机关食堂食材采购协议，罗山的优质农副产品直接走上省直机关食堂餐桌，年均销售额近600万元。

二、统筹规划布局，衔接乡村振兴“三到位”

罗山县在谋划脱贫攻坚有效衔接乡村振兴过程中突出规划引领，加强组织建设，完善要素保障，做到规划、组织、保障“三到位”，统筹推进乡村全面振兴，努力打造乡村振兴先行区。

（一）规划衔接引领到位

凡事预则立，不预则废。制定发展规划是实施乡村振兴战略的基础性工程，是引领乡村走向振兴的纲领性文件和行动指南。要扎实推进乡村振兴战略，必须提前做好规划。罗山县持续完善空间布局、生态保护、基础设施、公共服务能力、产业发展规划，坚持“五规合一”，做好规划的衔接联动，突出规划的基础性作用，引领乡村振兴。

将全县划分为北部高效农业示范区、中部城乡协调共生区、南部生态涵养区“三大片区”，依托农业产业化龙头企业和专业合作社，采取“公司 + 合作社 + 农户”模式，将分散的小农户经营组织化和规模化，培育优质稻、生态茶、水产业、旅游业、植物油、中药材等六大特色产业，发展 30 万亩示范茶园、25 万亩稻渔综合种养、15 万亩弱筋小麦，打造一批标准化产业基地。坚持产业链、价值链、供应链“三链”同构，制定出台“1+4”农业标准化体系建设政策，制定生产、加工、营销、监管等全链条发展目标，打造以“七彩”“八珍”为主打产品的“好品罗山”区域公共品牌，切实提升优质农产品竞争力和附加值。庙仙乡林道静种植农民专业合作社以稻渔共作方式，种植优质水稻，注册“林稻静”商标，产品以高于普通大米 5 倍的价格，远销北上广等一线城市。

（二）基层治理组织到位

基层治理是国家治理的基石。罗山县始终坚持以基层党建为统领，完善基层治理格局，建强基层治理组织体系，加快提升基层治理效能。深入贯彻落实《中共中央　国务院关于加强基层治理体系和治理能力现代化建设的意见》，制定系列实施方案，构建“县统条抓块管”基层治理工作格局，加大乡镇赋能扩权力度，推动人员下沉、服务下沉、管理下沉。加强平台建设，在全县 20 个乡镇（街道）建立党群服务中心、综合执法事务中心、网格化管理中心和信息化管理平台“三中心一平台”，在全县 305 个村（社区）设立党群服务中心、网格化管理中心、信息化管理平台“两中心一平台”，建强村级党组织、自治组织、经济组织、监督组织“四个组织”，全面搭建网格化管理、精细化服务、信息化支撑、开放共享的基层治理平台。加强闭环管理，常态化开展“逐乡观摩、整县提升”活动，形成“有部署、有落实、有评估、有改进、有提升”的基层治理闭环管理模式，为全面推进乡村振兴战略提供现代化的基层治理保证。

（三）资源要素保障到位

针对城乡二元结构矛盾，抓住“钱、地、人”等关键资源，引导资源要素向农村流入，加快补齐农村发展短板。强化政策资金保障，制定《巩固拓展脱贫攻坚成果加快农业现代化建设的实施意见》《财政整合涉农资金支持乡村振兴的实施意见》等文件，年均投入资金约15亿元，对重点项目坚持财政优先保证、金融重点倾斜、引导社会参与，确保资金、项目流向农业农村和产业大户。深入推进“三块地”改革，积极开展土地综合整治，大力实施占补平衡项目，充分发挥土地资源效益。周党镇灵山茶业公司集中连片流转荒山、农用地5万余亩，打造标准茶园，建设禅茶小镇，实现连绵青山变“金山”。深入实施人才助力乡村振兴工程，用好招才引智创新发展大会等平台，加强与国家一流大学、省级以上重点实验室联系对接，打通引才绿色通道，为农业农村发展提供坚实人才支撑。何家冲学院建成以来，连续三年举办乡村振兴系列活动，成为罗山对外开放合作交流的平台，北京大学经济学院博士团服务站、中科院工程热物理所党性教育基地、河南省城乡规划设计研究分院等一批智库型科研院所已在何家冲学院挂牌。

三、坚持系统理念，推动县域治理“三起来”

习近平总书记在河南调研时强调，“要把强县和富民统一起来，把改革和发展结合起来，把城镇和乡村贯通起来”。罗山县坚持以强县富民为主线，以改革发展为动力，以城乡贯通建设城乡经济社会发展一体化为途径，找准结合点、抓住突破口，不断探索县域治理新模式。

（一）把强县和富民统一起来，实现共兴共荣

发展壮大工业，是把强县与富民统一起来的最好选择。坚持项目为王、结果导向，围绕“以电子信息为主导产业，以纺织服装为特色产业”的“一主一特”产业发展方向，成立主导产业攻坚领导小组，精心绘制产业链招商图谱，发挥资金、资产、资本、资源的吸引作用，按图索骥，引进一批产业链头部企业和上下游配套企业，不断推动产业基础高级化和产业链现代化。目前，县产业集聚区已入驻规模以上工业企业 111 家，其中电子信息产业被评为“河南省中小企业特色产业集群”。依托现有重点企业，全面放大存量，深入实施“百园增效”行动，为企业量身定制“倍增计划”，选取 15 家高成长型企业通过科技创新、强化资本运作等手段，提升综合竞争力，实现规模与效益倍增。推动园区提质增效，对标“一县一省级开发区”要求，加快县产业集聚区体制机制创新，全面启动“管委会 + 公司”模式，实施“建设专业化、市场化、国际化的管理团队，推行领导班子任期制、员工全员聘任制、工资绩效薪酬制”的“三化三制”改革，持续开展“节地增效”行动，争创省级二星级产业集聚区。

（二）把改革与发展结合起来，激发动力活力

改革是动力，发展是目的。把改革和发展结合起来，就是要通过改革破除制约县域发展的诸多难题，把县域发展潜力转化为发展优势。加快推动农村改革，以村级集体经济组织为平台，实行“建立健全一个具有发展活力的村级集体经济组织、培育一个带动集体经济发展的经营主体、培植一个以上可持续增收的集体经济项目、建立一套激励

集体经济发展的灵活机制、健全一套规范集体经济健康发展的管理办法”的“五个一”工作机制，积极盘活乡村各种资产资源，全面消除村级集体经济“空壳村”，激活乡村脱贫致富的“一池春水”。何家冲村整合村级集体经济产业发展资金，与罗山县明珠农业公司合作，采取政企联建方式，建成高标准扶贫产业豆腐加工基地，成功注册“铁铺豆腐”商标，年产量达1500吨，村集体经济收入由无到有，由少到多，达100余万元。着力打造最优营商环境，持续深化“放管服”改革，落实“三集中三到位”，实行联审联批，所有审批部门成立政务服务股，审批股室集中到行政审批大厅，设立产业集聚区专柜，实行集中办理、“1对1”专班服务。扎实开展“万人助万企”活动，400余名干部变身“首席服务员”进企问需，创新运用“局长+1（股长）”机制，有针对性解决融资、用工等难题，已解决问题619个，问题解决率100%，企业满意度97%。

（三）把城镇和乡村贯通起来，促进融合发展

城镇和乡村是一个血脉相融、地域相连的有机整体，只有两者贯通起来，才能共生、共存、共享。树牢城乡一体化、县域一盘棋发展理念，大力推动城乡基础设施、公共服务、人居环境等一体化，努力实现城乡融合共进。着力推进基础设施一体化，以信罗同城化发展为重大机遇，加快补齐城乡基础设施短板，巩固拓展省级“四好农村路”示范县创建成果，大力实施“万村通客车提质工程”，畅通“微循环”，深入推进交旅融合发展模式，变交通优势、枢纽优势为经济优势、发展优势。在县南部旅游资源丰富的乡镇规划建设初心路，沿路打造13个景点，成为群众打卡点赞的网红路，带动了产业发展，带火了乡村旅游。在距县城5公里的尤店乡，建设龟山湖生态公园，可以同时满

足县城和附近居民对高品质生活的需求。着力推进公共服务一体化，大力开展县域紧密型医共体改革，加快推进分级诊疗制度，扎实开展新时代文明实践中心建设，不断优化教育布局，社会事业不断进步。2020年8月，罗山县与华北水利水电大学签约，共建华北水利水电大学江淮校区，2021年已建成开学，填补了高等教育空白。着力推进人居环境一体化，积极推进“美丽罗山”建设，持续开展市容市貌治“脏”、交通秩序治“乱”、城乡建筑治“违”专项治理行动，积极推进城乡环卫一体化，发挥乡村振兴示范村、传统古村落和易地搬迁示范村的示范带动作用，因地制宜打造一批具有鲜明特色的美丽乡村，4个乡镇、11个村被评为国家和省市美丽宜居乡村。

进入新时代，奋进新征程。罗山县将坚持守初心、担使命，扎实做好巩固拓展脱贫攻坚成果同乡村振兴有效衔接，将扶持特色产业向产业兴旺推进、改善人居环境向生态宜居推进、激发内生动力向乡风文明推进、各级帮扶向治理有效推进、“两不愁三保障”向生活富裕推进，努力在农业农村现代化上走在前列，推动县域经济高质量发展。

专家点评

党的十九大将精准脱贫作为三大攻坚战之一进行全面部署，提出要“坚决打赢脱贫攻坚战”的要求，并作出“实施乡村振兴战略，加快推进农业农村现代化”的重要决策。2020年，我国如期完成了脱贫攻坚目标任务，夺取现行标准下农村贫困人口全部脱贫，贫困县全部摘帽的胜利。正如习近平总书记指出的那样，脱贫摘帽不是终点，而是新生活、新奋斗的起点。脱贫攻坚的下一步是乡村振兴，脱贫攻坚是乡村振兴的基础和前提，要做好脱贫攻坚与实施乡村振兴战略有效衔接，逐步推进乡村振兴，推动脱贫群众收入提高，不断实现全体人民美好生活向往。在推动巩固拓展脱贫攻坚成果同乡村振兴有效衔接方面，罗山县做了很好的探索，留下了不少宝贵经验。

1. 巩固脱贫成效

在脱贫攻坚的基础上不断推动乡村振兴，首要的是巩固已有的脱贫攻坚成果，持续改善贫困群众生产生活条件，防止脱贫群众返贫。罗山县首先改进工作方法和作风，从县委、县政府自身做起，制定工作纪律、创新工作机制，为巩固脱贫攻坚和推动乡村振兴提供了坚强的组织和纪律保障。其次，罗山县通过扩大医疗救助范围，培训就业技能、返贫保险、产业扶持、就业帮扶、临时救助、兜底保障等手段多措并举，消弭疾病、失业等潜在致贫、返贫因素，同时通过走访核查，对返贫风险常态化监测和动态管理，实时掌握贫困户生产、生活状况一手资料，便于及时帮扶，防止发生返贫。上述工作为巩固脱贫攻坚成果和开展乡村振兴工作打下了坚实的基础。

2. 强调发展中的全局性，将“谋一域”放在“谋全局”中展开

罗山县在谋划脱贫攻坚有效衔接乡村振兴过程中尤其强调全局性。首先是包括“空间布局、生态保护、基础设施、公共服务能力、产业发展”为一体的规划，以规划引领实践。这样，在实际工作中就纲举目张，有章可循，而且规划越细致，就越容易发现将来工作中可能遇到的问题与困难，便于提前谋划解决。其次是强调基层治理，基于《中共中央 国务院关于加强基层治理体系和治理能力现代化建设的意见》，构建“县统条抓块管”基层治理工作格局，加大乡镇赋能扩权，加强平台建设，建强村级组织等等，这样就大幅提高基层治理效能，有效保障和

改善民生，维护群众权利，化解社会矛盾，推动社会有序和谐，增强群众获得感、幸福感、安全感，为产业发达和乡村振兴提供治理保障。

3. 抓住“三起来”原则

“三起来”是习近平总书记考察河南时提出的关于县域治理的基本方法，是新时代县域治理和乡村振兴的重要原则遵循。罗山县紧密围绕“三起来”，基于自身实际走出了一条县域发展治理的新路子。具体实践中，首先，罗山县把发展工业作为“强县与富民统一起来”的抓手，有一定的合理性：强县靠财政和税收，富民靠就业，二者统一于产业和企业的发展。产业一方面通过经营收入提供税收，另一方面通过吸收劳动力实现就业。其次，罗山县以“五个一”工程、政企联建、“放管服”等手段统筹改革与发展，降低了企业的经营成本，有助于企业发展和产业繁荣。最后，罗山县把城乡基础设施、公共服务、人居环境等一体化作为推动城乡融合发展的主要渠道，牢牢抓住了“人随资源走”的原则。城乡的融合发展，关键在于资本、劳动等要素在城市与乡村间的双向流动。通过基础设施、公共服务等资源的一体化发展，有助于改变要素从乡村向城市的单向流动，有利于实现城乡融合发展，推动乡村振兴。

打造产业特色　助推脱贫攻坚

——河南省许昌市鄢陵县乡村振兴实践案例

背景导读

鄢陵县位于河南省中部，伏牛山脉以东，黄河南侧，隶属河南省许昌市。鄢陵县西靠长葛市，北与开封市、东与周口市、南与漯河市接壤，历史文化厚重。早在 8000 年前，先民们便在此繁衍生息，周初封为鄢国，东周改称鄢邑，汉初置县。在这里，留下了郑伯克段于鄢、晋楚鄢陵之战、唐雎不辱使命等历史典故。陶渊明、李白、苏轼、范仲淹等群贤雅士也曾慕名而来，访道饮酒赏花，留下千古传诵的名篇佳句。鄢陵县现辖 12 个镇，386 个行政村（社区），总面积 866 平方公里（耕地 99.6 万亩），常住人口 547411 人。2014 年底，全县农村人口 57.7 万人，贫困发生率 3.79%，贫困村 35 个。

习近平总书记指出，产业扶贫是最直接、最有效的办法，也是增强贫困地区造血功能、帮助群众就地就业的长远之计。党的十八大以来，在中央、省、市的大力支持和县委、县政府的坚强领导下，鄢陵县因地制宜确定和培育花木、旅游等扶贫主导产业，借助电商、自媒体等手段渠道，围绕花木观赏、花木出售、花木繁育，做大做好“花木”文章，打造“中国花木之乡”“中国蜡梅文化之乡”等知名品牌，唱响享誉全国的“鄢陵名片”。通过探索电商扶贫新路径，鄢陵县依托“国家级电子商务进农村示范县”项目，积极探索“电商+扶贫”的发展新模式。不仅如此，以花木为依托，以生态为平台，按照“以花木改善生态、以生态承载旅游、以旅游激活三产”的工作思路，围绕“生态、养生、度假”，鄢陵县大力发展休闲农业和乡村旅游产业项目。目前，已建成休闲农业和乡村旅游景区（点）120多家，相关产业从业人数达19万人，预计今年全县相关产业总收入7.6亿元，村民收入实现阶段性提高，走出了一条通过产业带动区域发展、村民增收的新路子。

截至2020年12月，鄢陵县居民人均可支配收入达到24692元，全县建档立卡的贫困户总计7230户28527人全部脱贫（其中，2020年度脱贫498户1191人），脱贫后不再享受政策4256户19665人，脱贫享受政策2974户8862人，35个建档立卡贫困村于2017年底全部“摘帽”，贫困发生率降至零。目前，鄢陵县已经完成贫困人口全面脱贫的阶段性目标，取得了脱贫攻坚的全面胜利，正走在乡村振兴和全面建成小康社会的康庄大道上。

基本做法

习近平总书记指出，“产业兴旺，是解决农村一切问题的前提”，要“紧紧围绕发展现代农业，围绕农村一二三产业融合发展，构建乡村产业体系，实现产业兴旺”。鄢陵县深入贯彻习近平总书记的重要指示精神，以党建为引领，全县党员干部聚焦做好产业扶贫这篇“大文章”，立足将“输血式”扶贫转变为“造血式”扶贫，从源头上解决贫困问题，推动农村产业规模化、市场化、规范化、标准化发展，实现产业兴旺和群众增收致富。

一、党建引领，让党的旗帜高高飘扬在脱贫攻坚和乡村振兴战斗一线

农村富不富，关键看支部；支部强不强，全靠“领头羊”。在脱贫攻坚战中，鄢陵县把产业扶贫同基层党组织建设紧密结合起来，围绕探索“以党建促扶贫，以扶贫抓党建”的工作方法，把党的政治优势和组织优势转化为脱贫攻坚实效。

一是合理完善脱贫攻坚领导组织架构，构建了“县委书记、县长联系镇和贫困村贫困户，县级领导包镇联村包户，县直单位包村联户，‘第一书记’驻村包户，党员干部结对包户”五级网格化帮扶责任体系。党员干部冲锋在脱贫攻坚一线作表率，用自己的“辛苦指数”，换来群众的“幸福指数”。

二是建设顽强的基层党组织，发挥脱贫攻坚战斗堡垒作用。鄢陵县从选准配强村党组织负责人入手，抓好“基层领头人”组织建设。重点选取政治素质高、群众基础好、带动群众致富能力强的党员担任村支书，优先推荐致富带头人、回乡务工人员、转业军人等视野宽广、思路清晰、甘于奉献的党员作为脱贫“领头羊”。近年来，鄢陵县先后从种养大户、经济能人、复退军人中培养、选拔党支部书记 100 余名，85% 以上的党支部书记拥有经济实体或相关创业、管理经验，直接或间接为群众提供就业岗位 1000 多个。

三是党员干部与贫困户“一对一结亲、手把手帮扶”。在县委、县政府的号召下，全县5000多名党员干部与贫困户“结穷亲”，每周联系一次贫困户，在就业技能培训、协调项目资金、落实扶贫政策等方面回应群众诉求。同时，将1890余名县、镇、村干部分编成375个脱贫责任小组，每个小组精准对口帮扶村庄，以县内尚未满足脱贫标准的村庄为重点，层层压实责任。截至目前，全县驻村帮扶累计引进项目180个、投入资金5082万元。大马镇任营社区贫困户聂建民，在包村干部和党员的帮助下，短短三年时间，带动贫困户靠种植红叶石楠和金森女贞，亩均收入超2万元，成为远近闻名的脱贫典型，被评为河南省脱贫攻坚先进个人。

四是通过评选表彰等活动奖励先进，激励后进，凝聚人心，形成脱贫攻坚的强大合力。通过实地走访和群众推荐等方式，鄢陵县充分发掘在脱贫攻坚过程中涌现出的先进个人和集体，通过举行“脱贫攻坚工作成效展示宣传”“脱贫攻坚最美鄢陵人物颁奖典礼”系列活动加以表彰。表彰奖项包括最美支部书记、最美第一书记、最美扶贫工作者、最美贫困户、最美帮扶人、最美带贫企业、最美村庄七类。经推荐筛选，共200余人获得殊荣。此外，鄢陵县将干部在脱贫攻坚中的表现作为奖励提拔的重要指标，坚持在脱贫攻坚中使用和提拔干部，勉励党员干部奋发有为。在脱贫攻坚中作出突出贡献的扶贫干部、优秀村（社区）党组织书记先后被提拔重用，或改善待遇，部分进入镇领导班子。

二、依托花木产业优势，深度谋划精准脱贫

一是创新制度模式和方法政策，引导贫困户参与产业发展，实现

脱贫致富。鄢陵县创造性探索出“产业壮根基、红利管长远”的产业扶贫模式，充分发挥产业扶贫的“造血”功能和“管长远”作用，在带动群众共奔小康的道路上越走越快、越走越远、越走越稳。立足花木种植时间周期长、劳动力需求大、土地使用量大等产业特征，鄢陵县因地制宜，把全县70万亩花木基地打造为整个绿色“扶贫车间”，统筹规划、统一安排。根据贫困户的具体情况因人、因户施策，创造探索出多种“产业＋扶贫”模式，应扶尽扶、应帮尽帮，不让一名群众掉队。其一，“花木企业＋转移就业＋贫困户”模式：对可提供劳动力的贫困户家庭，经政府协调，花木企业优先聘用，使他们通过自食其力实现就业增收，实现“一人就业，全家脱贫”的目标；其二，“花木企业＋土地流转＋贫困户”模式：对于劳动能力不强，或者无劳动力贫困户，允许他们以村为单位将土地连片集中流转，入股到花木企业，每年直接参与花木企业的盈利分红；其三，“政府＋金融机构＋花木企业＋贫困户”模式：县政府协调县农商行、邮政储蓄银行，由县财政投入扶贫贷款风险补偿基金，以1∶10的倍率放大，为吸纳贫困户的花木企业提供贷款扶持。同时，投入专项资金，相关企业按现行年基准利率进行贷款贴息。各种扶贫模式多管齐下，使每个贫困户都能根据自己的生产生活状况选择适合自己的扶贫模式。或以务工劳动的形式，或以土地参股形式，加入花木产业的发展中，分享产业红利。通过创新制度模式，鄢陵全县203家花木企业和合作社共流转贫困户土地3000多亩，吸纳入股贫困户900多户，直接或间接带动1522户5336名贫困群众实现高质量脱贫，走出了一条符合鄢陵县实际的花木产业扶贫路子。

二是深化电子商务与产业发展深度融合，促进产业繁荣，增强造血功能。鄢陵县依托国家级电子商务进农村示范县项目，积极探索

“电商＋扶贫”的新路径、新模式。针对贫困户学历偏低、电子商务经验有限的现实，鄠陵县充分发掘“国家级电子商务进农村示范县项目”，建立覆盖全县的电商服务组织，无偿为村民提供电商技术支持。截至2020年底，共在全县建立县级电子商务运营服务中心1个，各镇上建立镇级电子商务服务站12个，各村建立村级电子商务进农村服务点386个，实现县、镇、村三级电商服务平台全覆盖。同时，还建成电商扶贫基地9个。电商服务组织为全县群众提供互联网电子商务技术服务支持，涵盖包括买入、卖出、推销、缴费、代购、取货等电商相关的大部分内容，有效解决贫困户在从事电商过程中遇到的实际难题。此外，鄠陵县还通过举办培训班等形式，对有能力有意愿的贫困人员及镇、村干部和第一书记进行免费电商培训，总计培训2000多人次，切实提高他们的电子商务能力水平。在电商技术的支持下，全县推广“电商企业网上接订单、贫困户家门口搞生产”的产业扶贫模式，积极把贫困户引导到电商产业链中来，为贫困户稳定增收脱贫找到出路。截至2021年，共带动贫困户创业就业291人，帮助贫困户累计增收40多万元。柏梁镇的姚家村是其中典型：全村“电商户”达到36家，借助电子商务平台进行网上宣传、销售花木，年交易额超过3亿元，带动周边村庄35户贫困户实现增收。鄠陵县电商扶贫工作成绩显著，引起主流媒体的广泛关注和社会肯定。《农民日报》以“由‘输血’到‘造血’的嬗变”为题，对相关做法进行专题宣传。

三、发挥资源优势，打造旅游扶贫

近年来，鄠陵县以旅游产业作为经济发展和产业脱贫的重要支撑，明确“全域花海、养生福地、休闲天堂、宜居花城”发展定位，以“建设全域旅游、打造健康鄢陵”为目标，以发展康养产业作为推进旅游业转型升级。借助打造“国家健康旅游目的地”，加快建设现代农业综合体，推进旅游业与农业、生态、文化、会展、康养产业融合发展，取得了较好的经济和社会效益，成为推动实现脱贫攻坚和建设美丽乡村的重要助力。

一是依托景区景点推进旅游产业发展，打造旅游新名片。鄢陵县依托国家花木博览园、花都温泉小镇、金雨玫瑰庄园、建业绿色基地、五彩大地观光休闲旅游区5家4A级旅游景区和唐韵生态旅游区，及鹤鸣湖国家级水利风景区等40多个景区景点，通过务工就业、手工艺品销售、创办农家乐、经营旅游项目等途径，大力发展“旅游+扶贫”。以唐韵生态旅游区为例，该景区分为“唐韵樱花园”和“唐韵小镇”两个园区，规划总面积2000亩。其中，唐韵樱花园于2017年3月19日落成并对外开放，以珍贵品种樱花观赏及明清时代保存较完好的古建筑园林景观为主打特色。景区内观赏花卉以200余亩的精品樱花和300余亩的玉兰及映山红为主。樱花盛开的旅游旺季，该景区日均游客接待量达5万多人。借助花木观景资源，鄢陵相继举办各类以赏花为主要内容的节日和庆祝活动。2018年，鄢陵县举办“花都之春”系列旅游活动，包括第二届唐韵樱花节、第三届樱花圣帝文化节等节日隆重开幕。仅两天时间，唐韵园林客流量突破8万人次。旅游业的快速发展给景区周边群众带来了就业机会和增收渠道。据悉，截至2020年，唐韵园林在职员工122人，全部为本地员工，旅游业从业人员600余人。景区周边群众人均年收入于2019年就超过3.6万元。

此外，鄢陵县还注重发掘当地文化资源，加强对历史遗存的保护、开发和利用。其中，彭店镇大力推进田园景观、自然生态与荷花文化深度融合，创办以“彭祖古镇，荷韵彭店”为主题的荷花文化节，举行文艺表演、戏迷乐园等专场演出，吸引群众和游客参加、观赏。借助荷花节的平台和知名度，彭店镇搭建特色农产品展销平台，在荷花节开幕式现场设立了农产品展区，通过网络直播、讲解介绍等方式展销彭店镇以及县内特色农产品，促进消费扶贫。同时，借助荷花节，吸引投资人洽谈、签约产业项目，推动乡村产业兴旺，助力脱贫攻坚。

二是依托花木资源，创新产业模式，打造“融合式”新型乡村产业。鄢陵县以景区和花木园林企业为依托，以产业平台，探索出了“以花木改善生态、以生态承载旅游、以旅游激活三产”的产业融合发展新思路，围绕生态、养生、度假，推动旅游与文化、娱乐、体育、康养等产业融合联动，大力发展休闲观光、康体运动、农家乐等都市休闲生态旅游，着力打造特色旅游品牌。包装推出了“花卉观赏之旅”“生态休闲之旅”“温泉养生之旅”和“乡村度假之旅”四个特色旅游模块，逐步形成了“一乡一业、一村一品、一户一特色”或“多乡一业、多村一品”的休闲农业和乡村旅游发展格局。

四、完善制度建设，巩固脱贫成果

为进一步检验全县各乡镇脱贫攻坚成果，督促各村真抓实干，建立健全脱贫致富长效机制，切实提升全县贫困户整体收入水平，做好脱贫攻坚与乡村振兴的有效衔接，鄢陵县扎实组织开展“六项评比”“1+N”等措施活动，防止脱贫户返贫，推动脱贫成果持续巩固。

一是开展六项评比，以先进带后进。开展村容户貌大评比。以镇为单位，组织村与村之间的村容户貌大评比活动，提升村庄环境，提振群众精神，引导感恩奋进，促进脱贫群众保持良好的生活面貌。开展政策落实大评比。聚焦“两不愁三保障”突出问题，对照脱贫和监测底数，对照政策清单，逐家逐户核对情况，逐条逐项比对落实，确保扶贫政策能够及时覆盖每一位脱贫对象。开展扶贫档案大评比。组织各镇、各部门按照国家档案局关于精准扶贫档案整理的标准，对档案的分类、目录、扫描、装订情况进行研判评比，督促后进对标达标，确保档案整理工作圆满完成。开展居家兜底大评比。以镇为单位，组织村“两委”、村脱贫攻坚责任组对居家兜底对象的“吃、穿、住、医、管”5个方面进行综合评议，督促其代养人严格按照代养协议履约尽责，保障居家兜底对象权益。开展产业扶贫大评比。组织各镇对各村产业扶贫基地带贫情况进行评比，密切利益联结，查看收益分配，确保脱贫群众持续增收稳定。开展干部业务知识大评比。组织各镇采取集中测试、座谈访谈等方式，对村级脱贫攻坚责任组组长、驻村第一书记、村“两委”干部、帮扶责任人等扶贫干部分级、分类进行巩固脱贫攻坚成果业务知识评比，确保换届后新任扶贫干部业务知识“一口清”。

二是创新帮扶机制，避免致贫返贫。对脱贫不稳定户、边缘易致贫户、突发严重困难户采取“1+N”措施进行帮扶，防止防贫对象返贫致贫。“1”即纳入防贫保险名单，围绕10822名建档立卡贫困户、边缘户和存在致贫风险高的“四类重点群体”（低保户、分散供养特困人员、重度残疾人户、大病户），全额代缴精准防贫保险49.19万元，并按照致贫返贫预警线实时监测确定防贫保险理赔对象。目前，共对7户有返贫风险的家庭进行了理赔，理赔金额93872.34元。“N”即同时针对其致贫或返贫因素采取一种或多种帮扶措施。对有产业发展意愿的，在小额信贷、技术指导、产品销售等方面给予扶持；对有就业能力和意愿的，为其提供就业信息、组织技能培训、联系就业岗位等，实现充分就业；对半劳力、弱劳力通过安排公益性岗位、到扶贫基地就业等方式增加收入；对于产业、就业均难解决的，符合低保、特困供养条件的，纳入兜底保障。同时，加大临时救助力度，及时将符合条件的对象纳入救助范围。

三是创新模式，推进兜底保障。鄢陵县发挥“全国城企联动普惠养老试点”作用，聚焦分散供养特困人员、重度残疾人、精神障碍患者等特殊贫困群体，积极研究探索保障兜底途径。针对分散供养特困人员、重度残疾人、精神障碍人员和不愿意到托养中心、敬老院等机构入住的分散供养及重病重残人员，探索实施集中供养、医疗托养、特殊医养和居家养老模式。严把四个关口，提升兜底水平。严把精准入住关，建立了“户申请、村申报、镇审批、县备案”和公示公告制度。严把托养条件关，择优选取安全性强、管理规范的机构，承担集中托养供养工作。严把医疗服务关，建立一人一档健康档案，配备专业医护团队。严把安全监管关，坚决杜绝安全事故发生。整合四项资源，提高兜底成效。整合医疗托养资源、政策资金资源、金融保险资源、社会养老资源，最大化提升脱贫攻坚成效。健全四项机制，巩固兜底成果。围绕脱贫任务，建立健全联席会议、托养动态管理、多方关爱照护和管理运营制度，促进托养中心管理到位、服务到位、运营高效。

专家点评

党始终坚持贯彻群众路线，践行以人民为中心的发展观，把人民对美好生活的向往作为自己的奋斗目标。困难群众的脱贫，是重大的政治任务和重要的民生工程。鄠陵县牢记习近平总书记关于产业扶贫的重要讲话，学深悟透相关精神，创新多种产业制度模式，因地制宜发展市场需求产业，坚持发挥党员干部在产业脱贫中的先锋模范作用，带领人民摆脱贫困，走出了一条以产业振兴为牵引，适合自身发展的致富之路，归纳其经验，大致有三条。

1. 抓住“党建引领”这个牛鼻子

办好中国的事情，关键在党。党的建设是贯彻落实党的路线方针政策的基本实践。正是通过落实党委主体责任，把精准扶贫、群众脱贫的目标任务作为党的建设重要内容，不断强化党对脱贫攻坚与乡村振兴工作的全面领导。通过知识培训、思想提高、干部对口帮扶等渠道使干部群众心往一处想，劲往一处使，为脱贫攻坚提供坚强组织保障。尤其是注重选好基层“领头羊”。“火车跑得快，全靠车头带。”鄢陵县从强化党的基层组织入手，选出致富有方法、政治有觉悟的村支书，这就为党关于扶贫的方针、政策扎实落地提供了组织支持。在村支书的带领下，群众在脱贫攻坚和乡村振兴中，思想、精神和组织就有了依靠。

2. 创新模式，打造特色产业

习近平总书记多次指出，产业扶贫是最直接、最有效的办法，也是增强贫困地区造血功能、帮助群众就地就业的长远之计，为推进脱贫攻坚提供了遵循。鄢陵县正是在产业引领的基础上，因地制宜创造出多种“产业＋扶贫”模式，千方百计引导贫困群众加入花木、旅游等特色产业链，让贫困户或以劳动务工形式获得工资报酬，或以土地等要素形式入股获得分红，或政府出面协调资金，助力吸引贫困户就业的企业发展，多措并举，让贫困户能干活的通过劳动自食其力，不能干活的也有一份基本收入。

3. 防止返贫，兜底保障

脱贫攻坚是乡村振兴的基础性工作，乡村振兴的第一步，就是要巩固脱贫攻坚成果。尽管我们已经实现了全面脱贫，但在实践中，部分群众面临脱贫时间短、抗风险能力低等问题。这个问题具有一定普遍性。所以脱贫攻坚不只要“扶上马”，还要“送一程”。这一点，鄢陵县同样有不少亮点做法。包括对群众可能返贫的实时监测；为返贫风险户代缴精准防贫保险；对有产业发展及就业意愿的群众进行多方面全方位帮扶；对于产业、就业均难解决的，符合低保、特困供养条件的，纳入兜底保障，等等。通过上述方法，因人制宜，多措并举，织牢、织密返贫风险户兜底保障网，切实做到不漏一人、兜住底线，确保脱贫攻坚成果稳固，脱贫群众不返贫。

以“农业强、农村美、农民富”引领脱贫攻坚与乡村振兴有效衔接

——河南省平顶山市宝丰县乡村振兴实践案例

背景导读

宝丰县位于河南省中西部，属平顶山市辖县，总面积722平方公里，辖9镇3乡1个办事处2个示范区，常住人口49.8万人。宝丰县历史文化丰富，是千年古县、曲艺之乡、魔术胜地、酒祖故里、汝瓷之都、观音祖庭、长寿之乡。近年来，宝丰县把实施乡村振兴战略作为新时代做好“三农”工作的总抓手，以解决农业弱、农村丑、农民穷这三个突出问题为工作关键，统筹推进产业振兴、人才振兴、文化振兴、生态振兴、组织振兴，加快建设“乡村强县”。通过推动农业产业不断壮大，让农业成为有奔头的产业；通过推动农民收入持续增长，让农民成为有吸引力的职业；通过推动农村环境日益优美，让农村成为安居乐业的美丽家园，谱写出了农村美、富、强的乡村振兴新篇章。经过不懈努力，宝丰县先后被确定为全国农业绿色发展先行先试支撑体系建设试点县、绿色种养循环农业试点县和农民合作社整体提升试

点县、农村宅基地改革试点县，荣获全国主要农作物全程机械化示范县、国家电子商务进农村示范县、节水型社会建设达标县、河南省农村人居环境整治先进县等荣誉。

基本做法

一、狠抓产业升级，促进农业强

一是政府引导，以资鼓励。宝丰县紧紧抓住产业带动增收这个脱贫攻坚关键抓手，按照“县有支柱产业、乡有主导产业、村有特色产业、户有致富项目”的发展思路，打造县乡村户“四位一体”区域产业格局。为了鼓励贫困户通过发展产业实现脱贫致富，增强自身“造血”能力，宝丰县出台了《宝丰县发展特色优势产业奖补办法》，采取以奖代补、先建（种）后补等方式，对自愿发展产业的农户实施奖励性补助。根据奖补办法，油菜、花生、芝麻、红薯、花椒等种植业及鸡、羊、猪、牛、蜜蜂等养殖业均在奖补之列。除此之外，还针对务工贫困户设立“务工奖励”，提高务工人员收入。奖补降低了贫困户创业谋生的门槛，激发了贫困户的创业热情。截至目前，宝丰县累计发放各类奖补资金1500余万元，近万个贫困户受益。在政府帮助和农户自身努力下，石板河的蜂蜜养殖加工、余家村的花椒种植加工、周庄村的食用菌种植、郝沟村的生猪“千头线”养殖等产业正在沿着规模化、标准化、市场化的方向快速发展，“一村一品”特色产业格局已初具规模。

二是实施农业供给侧结构性改革，引导农业产业高质量发展。宝丰县以市场需求为主导，推动农产品供给适应消费升级趋势。依托县域特色资源和产业基础，整合产业优势，宝丰县以“一线五园”（“一线”即利用高速、高铁等交通干线旁的生态廊道，采取林菌、林药、林草等模式，大力发展林下经济；“五园”即生猪产业园、乳业产业园、珍稀菌产业园、秋月梨产业园、花椒产业园）为重点，持续扩大产业规模，延伸产业链条，不断推动特色产业提档升级，培育了乳品、酒品、食用菌等一大批特色农业产业，珍稀菌、乳业、生猪3个现代农业产业园被认定为市级产业园。宝丰县依托康龙、傲农顺等龙头企业持续加大生猪生产。引进内蒙古优然牧业万头奶牛示范牧场建设项目，大力发展奶牛养殖，全年生猪出栏量近34万头，奶牛存栏1.5万头，是省级生猪调出大县、奶牛大县。首创的“百亩千头生态方”种养结合循环发展模式在全国推广。在此基础上，打造农产品标准化生产和农业品牌，“宝丰梨”、羊肚菌、“宝丰小米醋”、“豫猪壹号”生猪等农产品入选全国名特优新农产品名录、知名农产品品牌目录，享誉全国。

三是创新管理模式，服务产业发展。宝丰县将隶属2个乡镇、相邻的7个无资源禀赋、无交通区位、无历史文化的“三无村庄”，破除行政界限，连片整合，组建了“龙王沟乡村振兴示范区”，发挥乡村振兴示范引领作用。龙王沟坚持把产业振兴作为乡村振兴的关键点，以龙王沟实业公司为带动，采取“村集体+大户”等形式，集中流转上万亩土地，大力发展果蔬、食用油、中草药等特色农副产品加工，建设特色农产品产业园，打造油料产业小镇。2020年，5000余亩的油菜籽喜获丰收，产量达150万斤，示范区7个村1006户村民参与了收益分红，分红折合26万余元。油菜、油葵种植打造出了美轮美奂的田园花海景色，“赏花经济”为示范区聚集了人气，创造了可观收益，为乡村游提供无限前景。示范区还通过招商选资，吸引城市菜园、多肉植物园、特色民宿、古法榨油、鼎丰农趣谷、龙泉生态农耕园、研学营地等一批农文旅项目落户示范区，为乡村振兴注入了“源头活水”。

四是凝聚发展合力，激活产业振兴。在龙王沟乡村振兴示范区，按照资源共享、优势互补、联村共建、抱团发展的思路，加大资源统筹力度，注册龙王沟实业有限公司，7个村成立各类专业合作社、公司9家，群众入股转由公司专业化管理。榨油厂、醋厂等加工企业带动群众就业700人次。搭建电子商务平台，以龙王沟官方淘宝店为核心，发动引导群众广泛参与，在田间地头以及各个非遗展示点开展直播带货，群众根据订单提取佣金，拓宽了增收渠道，调动了参与积极性。扎实推进项目建设，以项目建设为抓手，开展百日攻坚行动。制定《宝丰县龙王沟乡村振兴示范区在建项目攻坚作战方案》，实行挂图作战，建立专人专责和定期汇报制度，对城市菜园、多肉植物园、东道汝窑、鼎丰农趣谷、伴耕伴读、大宋宫廷汝瓷等项目提档升级，建设农特产品直营店，挖掘恢复非遗老油坊、食肆，打造新型民宿综合体，使一批农文旅项目在示范区生根成长，高峰期示范区旅游人次达到每天3万人。2021年前10个月，示范区游客量突破35万人次，农民人均年增收3500元以上。

二、突出生态宜居，促进农村美

为了让农村真正美起来，宝丰县坚决打赢农村人居环境整治这场硬仗，坚持“百村示范、整县推进”，推动公共设施向农村延伸、公共服务向农村覆盖，加快城乡公交、环卫、生态、道路、燃气、供水等“八个一体化”建设。推进“厕所革命”，实施“三清三改三增”工程

（清垃圾、清塘沟、清畜禽粪便，改水、改厕、改旧习，增绿、增亮、增文化），全区域、全方位、全时段开展农村人居环境整治，农村卫生厕所普及率达到90%以上。

一是领导牵头，按照“第一副书记包村、村干部包户”的机制方法划分、落实治理责任，由点及面迅速在各乡镇形成了改善人居环境，构建美丽乡村的工作氛围。在前营乡，由乡党委牵头，制定人居环境“网格化”常态长效管理机制，推进全乡人居环境整治工作。所谓“网格化”管理，即通过划定镇区和行政村的工作职责范围，将全乡划分为镇区和行政村两个大网格，镇区主要街道及行政村再划分小网格，每个小网格明确区域与责任人，构筑“网—格—人”的精细化管理制度，做到网格边界清晰、责任主体明确、目标任务具体。在此基础上，建立督查考核制度。落实“每日一调度、每周一考核、每月一奖惩”工作机制。每周一安排部署人居环境改善相关工作，周五抽取各村开展实地工作绩效考核，并对结果进行排名。同时，每周通报上周考核排名情况，逐村点评工作成绩与不足之处，为下一步改进提出方向，月底则对人居环境改善工作先进的村进行奖励。通过相关机制，全乡迅速形成比学赶超改善人居环境的工作氛围。

二是发动群众广泛参与。在赵庄镇袁庄村，围绕“治理‘六乱’、开展‘六清’、实现‘四起来’”的目标，开展以“改善人居环境、打造宜居乡村”为主题的人居环境大整治活动。在工作前期，通过宣传车上路、联村大喇叭、印刷标语等方式向群众宣传改善人居环境的工作目的与方法，号召群众参与，争取群众支持。最终，290余名群众通过电话、微信群等方式积极报名参与。此次活动内容丰富，包括每户安装“卫生三包”牌、清理背街街角垃圾、组织党员干部对清洁结果进行检查，等等。相似的活动在宝丰县并非个例，闹店镇同样围绕“治理六乱、开展六清”，以净起来、绿起来、亮起来、美起来“四起来”为主要目标，积极引导群众参与，清洁人居环境，美化村容风貌。杨庄镇号召各村（社区）“两委”党员干部积极发动群众参与人居环境清理整治，全力构建人人参与的美好人居环境“共建共享”新格局。

作为全县的乡村振兴示范区，龙王沟坚持绿色发展理念，持续开展人居环境整治，让农村充满了浓浓的乡愁和诗情画意。在突出“一村一景”“一村一韵”“一乡一业”“一村一品”的同时，不搞大拆大建，合理布局公共设施，对传统村落，坚持修旧如旧，对有利用价值的古宅古建，修缮保护并利用。如今的示范区古香古色、流水潺潺、绿树荫荫，犹如一幅美丽的田园风景画。村庄全部实现了垃圾分类处理，农厕全部改造，村庄内外种植桃、梨、杏等10余类果树，一幅“村庄林果化、庭院花园化”的生动画面就在眼前。龙泉寺、王堂、杨沟等几个村庄由原来的脏、乱、差变为“中国绿色村庄”“中国最美乡村”“全国文明村”“全国乡村治理示范村”“河南省乡村旅游特色村”，呈现出“景美、业兴、人活、民富”的乡村振兴新景象，两度惊艳美丽乡村博鳌国际峰会。

经全县努力，宝丰县荣获省级“四好农村路”示范县、“万村通客车提质工程”示范县、“绿色交通”试点县等称号。村庄清洁行动的做法入选河南省村庄清洁行动典型案例，荣获全省农村人居环境整治先进县，赵庄镇、石桥镇被评为全省美丽小镇，7个村庄被命名为全省“千万工程”示范村，5个村创建为市级示范村，累计创建“四美乡村”60个，创建农村人居环境示范村152个，达标村129个，让农村充满了浓浓的乡愁和诗情画意。

三、深化农村改革，促进农民富

一是坚持精神富裕和物质富裕两手抓。乡风文明是乡村振兴的重要组成部分，是乡村振兴之魂和乡村治理提速增效的思想保障。宝丰县文明办组织了由道德模范、河南好人、文明家庭等为成员的宣讲团，在全县14个乡（镇、林站）、321个村（社区）和全县机关常态化开展习近平新时代中国特色社会主义思想宣讲、道德模范宣讲、抗疫先进事迹宣讲等新时代文明实践好人宣讲活动。各乡（镇、林站）利用新时代文明实践所（站），把“故事汇”搬进田间地头、车间班组，以“百场故事汇”作为提升乡风文明的实践载体，通过讲故事形式宣讲身边鲜活的好人好事，引导全县干部群众见贤思齐，崇尚美德。为了激励市民踊跃参与，宝丰县委印发了《宝丰县新时代文明实践“百场故事汇”实施方案》，对宣讲人进行奖励。2019年以来，宝丰县累计开展新时代文明实践好人故事汇2236场次，奖励资金56万元。此外，宝丰县在300多个行政村建立了“一约五会”制度，开展了“评星树典”“十大新乡贤”评选等先进典型评树活动，不断培育文明乡风，让农民的精神先富起来。

二是深入实施“藏粮于地、藏粮于技”战略，让农民摆脱“靠天吃饭”的被动局面。河南是农业大省，也是种粮大省，粮食种植是农民收入的重要来源。然而，曾经的宝丰县农业基础十分薄弱，田间道路不通、沟渠不畅、机井偏少，农田在遭遇旱、涝时面临损失常得不到有效解决，无法保障粮食安全和农民收入。近年来，宝丰县牢牢扭住“高标准农田建设”这一保证粮食生产安全、农业增效、农民增收的关键环节，扎根推进高标准农田建设，不断提升粮食安全保障能力。

经统计，全县总计新打机井563眼，埋设输水管道316.2公里，架设输电线路270.8公里，修建田间道路46.5公里，植树1.95万株，建设提灌站4个、蓄水池1个、漫水桥3座，蓄水3万余立方米，使农户在农业生产中实现排涝、排渍、输水、生态等多项功能，真正做到了“旱能浇、涝能排”。

三是全面推进农村集体产权制度改革，培育壮大新型农业经营主体。宝丰县成立村级股份联合社316个，开展农村“三资”清理，盘活农村资产，积极实施村级集体经济发展项目，全县有集体经济收入的村215个，收入超10万元的79个。积极推进农村宅基地制度改革。完成299个行政村124366宗农村宅基地基础信息调查摸底工作，制定《宝丰县关于农村宅基地“三权分置”的指导意见》等7个配套政策性文件，建立县、乡镇、村“三级联动”，齐抓共管的管理机制，27个试点先行，全县跟进推广，积极推进农村开展分类处置，盘活利用闲置宅基地和闲置农房570宗，被确定为全国农村宅基地改革试点。打造市级以上农业产业化重点龙头企业31家，省级农业产业化集群3个、联合体3家，农民专业合作社483个，家庭农场262家，被确定为国家农民合作社整体提升试点县。先行先试成立23家村级供销社公司，被确定为全省“三位一体”综合合作试点培育县。在龙头沟乡村振兴示范区，根据发展需求，结合产业实际，通过深入企业调研走访、召开企业家座谈会等形式，深入了解企业需求，打造了杨沟非遗美食环线，建设了老酒馆、老面馆、老饭馆、老油坊等非遗点位21个，群众自发制作手工制品出售。游客来到示范区，不仅能够有得看，还有得吃，更有得拿，双低菜籽油在非遗美食环线的三个点位日销售额超过2万元。群众自发开设的手工食品销售摊点生意火爆。

专家点评

无论是脱贫攻坚还是乡村振兴，都是千头万绪的工作，需要有行之有效的工作方法才能做好。宝丰县首先把乡村振兴作为做好“三农”工作的总抓手，又确定“推动农业产业不断壮大、推动农民收入持续增长、推动农村环境日益优美”作为工作重点，牢牢抓住了乡村振兴的“牛鼻子”。通过壮大农业产业、推动农民增收、推动农村环境优美，全面统筹推进产业振兴、人才振兴、文化振兴、生态振兴、组织振兴。上述思考和做法为其他地区的脱贫攻坚和乡村振兴工作提供了可操作的借鉴，具有重要的实践意义和价值。

1. 因地制宜，打破不利于发展的条条框框

目前，“龙王沟乡村振兴示范区”已经成为宝丰县一张响亮的名片，在全省乃至全国范围内享有盛誉。其中一条重要经验，就是破除隶属于不同乡镇、发展条件相对落后村庄的行政界限，连片整合，成立“龙王沟乡村振兴示范区”。据悉，该示范区是全国首个打破行政区划限制的县级乡村振兴示范区。打破行政区划的行为并不常见，不只需要敢于“破局”的勇气，更需要跳出“框架”考虑问题的智慧。通过打破行政区划，实现资源共享、优势互补、联村共建、抱团发展，体现了“集中力量办大事”的制度优势。在实践中，龙王沟通过村庄合并连片，集中流转得到大块土地，为农业产业化、规模化发展创造了条件。龙王沟示范区作为宝丰县乡村振兴的“试验田”，好的想法思路先行先试，成功的经验迅速推广，为带动周边地区和其他乡镇的乡村振兴作出模板。

2. 以农业供给侧结构性改革为引领，推动农业产业高质量发展是乡村振兴的实践路径

农业产业高质量发展是乡村振兴的基石，是解决“三农”问题的根本渠道。党的十九大报告指出，目前我国社会主要矛盾已经转化为“人民日益增长的美好生活需要和不平衡不充分的发展之间的矛盾”。随着脱贫攻坚的完成和人民收入水平不断增加，我国居民饮食的整体结构正在发生变化，“吃饱”的问题基本解决，更多要求“吃好”，从而对高质量农产品有着巨大的市场需求。这也就对农业产业的升级和农业本身的高质量发展提出了要求。宝丰县抓住市场机遇，适时推进农业供给侧结构性改革，因地制宜打造标准化、品牌化高质量农产品来满足市场需求，牢牢抓住了农业发展和农民增收的契机。

3. 农业强、农村美和农民富统筹推进，强调乡村振兴工作的系统性

以农业强、农村美和农民富作为统筹推进乡村振兴的抓手，抓住了农业、农村、农民之间的内在关联，是重要的工作方法。要想农民过上好日子，提高收入是基本前提。农民要有收入，就必须有活干，就要发展、壮大农业。而农业的发展，无论是种植、养殖产业，还是旅游观光产业，都暗含着对良好质量生态环境的要求。良好的生态环境是乡村产业发展的基础条件。因此，在考虑脱贫攻坚同乡村振兴有效衔接的过程中，必须考虑各方面工作的内在关联和整体系统性，通盘考虑，整体推进。这也是宝丰县在脱贫攻坚和乡村振兴工作中的一个重要经验。

因地制宜谋发展

——山西省晋中市乡村振兴实践案例

背景导读

习近平总书记在全国脱贫攻坚总结表彰大会上的讲话中强调指出："解决发展不平衡不充分问题、缩小城乡区域发展差距、实现人的全面发展和全体人民共同富裕仍然任重道远。"《中共中央　国务院关于实现巩固拓展脱贫攻坚成果同乡村振兴有效衔接的意见》中强调指出："脱贫攻坚任务完成后，要及时做好巩固拓展脱贫攻坚成果同全面推进乡村振兴在工作力量、组织保障、规划实施、项目建设、要素保障方面的有机结合，做到一盘棋、一体化推进。"

晋中市地处山西省中部，东临太行山，西傍汾河水，国土面积1.64万平方公里，总人口338万人，辖2区1市8县1个国家级经济技术开发区和1个国家级农高区。党的十八大以来，晋中市作为全省减贫任务较重的6个市之一，全市上下认真贯彻习近平总书记关于扶贫工作重要论述和视察山西重要讲话、重要指示精神，深入落实中央和省委决策部署，真抓实干、攻坚克难、善作善成，全市4个贫困县全部摘帽、673 个贫困村全部退出、26.76 万贫困人口全部脱贫，圆满完成了各项目标任务，取得了脱贫攻坚战的全面胜利。按照习近平总书记在全国脱贫攻坚总结表彰大会上的重要讲话、党的十九届五中全会、中央农村工作会议精神，晋中市立足市情，综合考虑 11 个县（区、市）区位条件、资源禀赋、经济发展、财力水平、农民收入、巩固任务和城镇化率等因素，根据榆次区、太谷区、寿阳县 3 个县（区）农业农村发展基础较好，祁县、平遥县、介休市、灵石县 4 个沿汾河平川县（市）区位条件优越旅游资源丰富，榆社县、左权县、和顺县、昔阳县 4 个脱贫县自然条件较差脱贫攻坚成果还需要持续巩固，立足解决发展不平衡问题，缩小区域发展差距，实现全体人民共同富裕，适时提出“一片一带一圈”建设，以通道为轴线、以产业为依托、以村庄为单元，因地制宜、因势利导，分类指导、分层推进，有序推动巩固拓展脱贫攻坚成果同乡村振兴有效衔接。

基本做法

晋中市通过脱贫攻坚，解决了区域性整体贫困，消灭了绝对贫困，脱贫群众收入持续稳定增长，脱贫地区经济社会快速发展，基层组织得到有效加强，乡村治理能力和乡风文明得到显著提升。但在取得脱贫攻坚全面胜利之后，还面临两个方面的问题和挑战：

一是巩固拓展脱贫攻坚成果的任务还比较艰巨。晋中市的部分脱贫户和边缘户抵御风险的能力还不强，一旦遭遇疾病、灾害等变故，就有可能返贫致贫；部分脱贫地区内生发展能力还不足，一旦外部帮扶和相关政策急刹车，经济社会发展就可能遇到较大困难。

二是区域农业农村发展不均衡矛盾突出。以农村居民人均可支配收入为例，城区和城郊榆次区、太谷区、寿阳县3个县（区）处于第一梯队，平川沿汾祁县、平遥县、介休市、灵石县4个县（市）处于第二梯队，东山榆社县、左权县、和顺县、昔阳县4个县处于第三梯队，梯队之间差距明显，最高的太谷区是最低榆社县的2.87倍，区域发展不均衡的问题还比较突出。

晋中市区域发展不均衡的问题，主要是由于区域地理条件和资源禀赋等先天条件决定的。如在地形上，晋中市位于太行山脉中段与太原盆地之间。山地、丘陵、平原皆备。地势东高西低，呈阶梯状分布。在气候上，按照气候的6个类型，作物品种的6个熟期以及生产特点，全市可分为6个气候区。各气候区特点和地形分布基本吻合，各气候区之间年平均气温、年日照时数、年降雨量等区别明显。同时，全市的主要自然资源——煤炭资源，主要集中在榆次、寿阳、介休、平遥、灵石等平川地区，全市75%的企业集中在平川地区，平川地区占了全市经济总量的85%，也在很大程度上加剧了全市区域发展不均衡的状况。

晋中市针对区域农业农村发展不均衡的问题，决定在巩固拓展脱贫攻坚成果同乡村振兴有效衔接工作中，实行差异化政策、梯次性推进，积极加强“一片一带一圈”建设。目前，全市“一片一带一圈”建设已累计投入资金14.5亿元，吸引社会资本206亿元，集中建成了50个示范村、115个重点治理村、20余个现代农业产业园区，全面构建起农耕醉人、农庄醉人、生态醉人、乡愁醉人、乡风醉人的“五醉图景”。向世人展示出美丽村庄、美丽公路、美丽河道、美丽生态、美丽田园、美丽经济的“六美元素”。正在推动全市巩固拓展脱贫攻坚成果有效衔接乡村振兴不断扩规提质、纵深发展。具体措施包括以下四个方面：

一、构筑“一片”，瞄准打造样板，在提档升级上持续发力

“一片”即在榆次、太谷、寿阳3个县（区）打造城郊百公里乡村振兴示范片。高标准建设10个示范村、30个重点治理村、10个万亩现代农业园，按照产业支撑型、创新发展型、党建引领型、能人带动型、生态优先型、文化自信型六种乡村发展模式，打造一批“一看就懂、一学就会、一干就成”的乡村样板。提升特色产业级次，示范片十大产业园区和沿线产业围绕农民增收，突出新、高、优，做好产业布局和项目安排，引导种植结构调整，加强与山西农业大学（省农科院）等院校的合作，积极在沿途产业园区内植入科技兴农内容。

具体来看，在“一片”建设中，榆次区着眼于“立得住”，选取四个“两委”班子过硬、群众基础良好，产业特色鲜明、发展势头强劲的先进村，打造了“青山绿水、六美后沟”“产村融合化、多彩石羊坂”“乡愁体验、古韵后沟”“蔬果明香、田园张胡”四张名片。致力于“传得开”，打造了林果丰核桃基地、富春红玉火龙果基地、乌金山蓝莓园等一批高品质园区，培育壮大尚品天香“公司+农户”肉鸡放养、德辉牧业三产融合休闲牧场等一批新业态，形成了强大的示范带动效应。

二、构筑“一带”，瞄准产业兴旺，在特色亮点上着力突破

“一带”即以108国道、汾河为轴线，在祁县、平遥、介休、灵石

4个县（市）打造平川百公里乡村振兴示范带。与示范片区产业有机衔接、治理有机衔接、改革有机衔接、富民有机衔接。把产业兴旺作为实现农民增收、农业发展和农村繁荣的基础，立足108国道沿线现代农业发展优势，重点打造祁县平遥—城赵洪善片、平遥介休—中都张兰片、介休灵石—绵山静升片，3个片区19个示范村、51个重点治理村，力争建设成为示范全省、引领全市的乡村旅游观光带、城乡融合先行区、特优产业分布带、农村改革集聚区。

具体来看，在“一带”建设中，祁县按照资源整合、元素融合的推进思路，实施生态景观项目、节水灌溉项目、省级酥梨现代农业产业园项目等10大项目，打造万亩生态湿地、万亩蔬菜、万亩药茶等6个万亩基地。同时，以王维水墨诗国小镇、中华梨园、省级酥梨现代农业产业园为载体，将“农业、旅游、文化”三种元素串联起来，大力发展休闲农业、乡村旅游、创意农业、农耕体验等新产业，不断丰富乡村旅游业态和产品，着力打造各类主题乡村旅游目的地和精品线路，深度推进三产融合。

三、构筑“一圈”，瞄准巩固成果，在路径办法上积极探索

“一圈”即围绕太长高速、南太线、207国道、九榆线，在榆社、左权、和顺、昔阳4个县打造东山百公里脱贫攻坚与乡村振兴有效衔接循环圈。以脱贫攻坚与乡村振兴有效衔接为目标，打造榆社城郊片、左权百里画廊、和顺松烟片、昔阳大寨片脱贫攻坚与乡村振兴协调推进、融合发展的4个示范片区，包含21个示范村、34个重点治理村，

串点成线、连线带面。

具体来看，在“一圈”建设中，左权县以创建全市脱贫攻坚与乡村振兴衔接先导县为引领，以百里画廊为基础，重点围绕产业级次提升、生态建设等，探索乡村振兴与脱贫攻坚的有效衔接。在产业发展上，打造2个万亩片区，以百里画廊沿线林下经济为主要阵地，发展万亩有机中药材景观廊带。以麻田、泽城“有机社区”为示范，打造万亩有机旱作集中连片示范区，进一步夯实产业扶贫基础，壮大产业发展成果。在生态建设上，打造48公里的“黄金谷”，途经龙泉、桐峪、麻田3个乡镇40个村，由24个扶贫造林专业合作社参与实施栽植金叶榆、金枝槐等“金色”苗木的生态修复项目。通过政府统一流转土地，扶贫造林专业合作社育苗，吸纳60%以上建档立卡脱贫人口务工，建成了一条集“山水林田湖草、林道亭廊台池”于一体的金色生态景观带，为进一步巩固脱贫成果，促进乡村振兴奠定了坚实基础。

四、通过弘扬孝老敬老引领乡风文明建设，助推乡村振兴

晋中市榆社县针对农村思想道德建设中存在的突出问题，充分吸收中华民族“百善孝为先”“夫孝，天之经也，地之义也，民之行也”等敬老爱老优秀传统，选好载体，搭好平台，以小切口推动大治理。高站位统筹谋划。榆社县委、县政府把农村“孝善养老”提高到巩固拓展脱贫攻坚成果同乡村振兴有效衔接的高度来谋划推动，党政主要领导亲自部署、亲自推动，将其作为践行社会主义核心价值观的现实切入点和提升公民道德素养、加强德治建设的有效载体。同时，以孝善文化为抓

手，把民间的善心和善举组织起来，激发崇德向善的正能量。规范制度流程。结合全县实际，制定出台了《榆社县农村孝善养老工作方案》《榆社县孝善养老工作操作办法》《榆社县村级孝善养老协会工作细则》，细化了赡养标准和赡养责任，规范了孝善养老工作操作流程，做到了有章可循、有规可依，切实将农村孝善养老纳入制度化、规范化的轨道。积极推行村民自治模式，每个村由德高望重的老人组成“孝善养老协会”，根据《榆社县村级孝善养老协会工作细则》，对60周岁以上老人的居住、健康、子女等情况详细摸底、认真统计，确保公平公正。同时，动员子女与父母同村孝善养老协会签订三方协议，明确每名子女的赡养责任和赡养标准。细化操作举措。按照《榆社县孝善养老工作操作办法》，由子女共同出资每月给每名老人最低100元的生活费，由孝善养老协会统一收取，并于5日内发放给交纳人父母。各村孝善养老协会向交纳人出具交纳证明，交纳赡养费信息在村内公示无异议后上报乡镇，由乡镇审核通过后，按照10%的比例给每名老人奖励爱心积分，每月每名老人奖励最高不超过20分。全县共设有120个爱心超市，通过孝善养老方式获得的积分可到任一爱心超市换取生活用品。

榆社县力求将孝善文化转化为基层社会治理效能，打造新时代具有榆社特色的基层治理经验，为实现乡风文明和乡村振兴提供思想品德保障。

专家点评

山西省晋中市巩固脱贫成果、促进乡村振兴的做法突出了因地制宜、因势利导，分类指导、分层推进的策略。

1. 做好分类指导循序渐进

要按照因地制宜、分类施策的原则，综合考虑各县（区、市）区位条件、资源禀赋、社会事业、经济发展、财力水平、农民收入以及巩固拓展脱贫攻坚成果任务等因素，精准有序全面推进乡村振兴。对于农业农村发展基础好的县，要指导高起点、高标准、高水平推进乡村振兴，加快县域内城乡融合发展，形成县域统筹规划布局、县乡村功能衔接互补的公共服务体系，打造产业特色鲜明、基础设施完善、宜居宜业宜游、社会安定和谐的乡村全面振兴样板。对于巩固拓展脱贫攻坚成果任务较轻的县，要指导在巩固拓展脱贫攻坚成果的基础上，大力发展乡村富民产业，不断加强农村基层组织建设，加快提升乡村治理水平，积极推进乡村产业、人才、文化、生态、组织振兴。对巩固拓展脱贫攻坚成果任务较重的县，要指导用足用活各类帮扶政策，全力巩固拓展脱贫攻坚成果，做好与乡村振兴的有效衔接，健全针对脱贫不稳定户、边缘易致贫户的防止返贫监测机制，构建乡村产业、农村就业等长效机制。

2. 发挥农民主体作用

要分清主和辅，“主”就是坚持农民主体地位，充分尊重农民意愿，保障农民民主权利和其他合法权益，调动农民的积极性、主动性、创造性，维护农民根本利益。坚持“农”字当头，乡村振兴一切为了农民，一切依靠农民，开展产业振兴、人才振兴、文化振兴、生态振兴、组织振兴，促进产业兴旺、生态宜居、乡风文明、治理有效、生活富裕。“辅”就是各级党委和政府及其有关部门主要是负责本行政区域内乡村振兴促进工作的统筹协调、指导和监督检查，广泛宣传乡村振兴促进相关法律法规和政策，鼓励、支持人民团体、社会组织、企事业单位等社会各方面参与乡村振兴促进相关活动。做到“四个优先”和“四个不”，即在干部配备上优先考虑，在要素配置上优先满足，在资金投入上优先保障，在公共服务上优先安排；不包办、不代替、不越权、不干涉。

以农村集体经济发展引领乡村振兴

——河北省沧州市青县木门店镇乡村振兴实践案例

背景导读

河北省沧州市青县木门店镇是一个传统的纯农业镇，工业不强，农业不特，没有主导产业，制约现代农业发展的问题在这里尤为突出。

第一，种地农民“后继无人”。“村里都是六七十岁的老人在种地，年轻人都出去打工了。”木门店镇胡太洲村村民胡本龙说道，年轻人受不了这个累，关键还不挣钱。出去的年轻人很多在城里买了房，找了工作，不可能再回来种地了，再过五年、十年，现在种地的老人干不动了，谁来种地呢？

第二，小农户分散经营成本高、效益差，耕地面临撂荒、非农化等风险。木门店镇气候条件适合小麦玉米轮作，每年可以收获两季，但当地农民大多只在春天种一季玉米，秋天收获后大量耕地就撂荒，鲜有再种植一季小麦的，有的甚至直接种上树。

木门店镇党委书记刘建中讲道：“种一季玉米每亩地也就能赚个五六百元，打工几天就挣回来了，所以村民种地意愿很低。很多村一半以上的农户都不愿种地，不少农户干脆把自家土地转给亲戚种，碍于情面，一亩地象征性收取一二百元。”种粮食收益低，导致部分耕地出现了非农化、非粮化的问题。

第三，村集体无收入制约了农村各项事业发展。在以农为主的木门店镇，很多村没有老厂房、老学校、机动地可以出租，集体收入常年为零。“村集体没钱为老百姓办事，村党支部也就没有凝聚力、号召力，当干部都觉着没有尊严。”多位村干部表示，如何实现村集体年收入 5 万元以上的目标成了摆在他们面前最重要的任务。

基本做法

穷则思变，木门店镇的胡太洲村首先实现了突破。该村借鉴种粮大户承包流转村民土地的做法，去年以村集体名义承包村民 240 亩流转土地，种植小麦和玉米两季作物，每亩地实现利润 700 多元，村集体仅此一项收入 16 万多元。

在总结胡太洲村经验的基础上，木门店镇决定在全镇将这一做法全面推开，让村集体当起“种粮大户”，快速实现集体收入 5 万元以上的目标。

一、以村为单位承包土地，确保种粮年收益不断提升

相对来说，种地成本高、风险大、收益低，为了确保村集体承包的土地每年实现收入 5 万元以上的目标，木门店镇的做法是提倡每村成方连片承包百亩以上水浇地，每年种植一季小麦一季玉米，重点围绕以下四个方面。

第一，“成方连片”承包土地。这是为了实现规模化、集约化、机械化种植，以降低种地成本。前吴召村党支部书记王锦铎说，耕地成方连片后大型机械便于作业，价格大幅度降低。比如，播种每亩只需要15元左右，而村民的小块耕地每亩则要40多元，便宜了一大半。此外，集体采购种子、化肥、农药等农资时，因为数量较大，价格也相对便宜了很多，种地成本降低了。此外，通过去地界、去垄沟，可增加土地种植面积10%左右。

第二，承包“百亩以上”土地。这是为了确保年收入在5万元以上。胡太洲村党支部书记朱磊算了一笔账：一亩地麦子能收1000斤左右、玉米1100斤左右，按现在的市场价格毛收入2400多元，除去两季作物的成本800元和付给村民的500元流转费，每亩地纯利润1000元，100亩就有10万元收入。即使年成不好，100亩地收入5万元以上问题也不大。

第三，承包“水浇地”。这是为了确保旱涝保收，两季作物能够轮作。当地村民只种玉米，不种小麦，就是因为浇水不便，费用过高。土地成方连片后，镇政府通过支持各村完善灌溉系统，耕地可以旱涝保收。

第四，“种玉米和小麦两季粮食”。这是因为玉米和小麦种植技术门槛低，耕、种、管、收各环节机械化、社会化服务链条完备，在国家鼓励种粮的大背景下不愁销路，市场风险小，收益有保障。同时，也为国家粮食安全作出了贡献。

二、完善土地流转制度，切实确保农民权益

木门店镇在开展上述以村为单位承包土地时，遇到的最大问题是土地流转问题。“土地流转全凭村民自愿，不能搞强制。”多位村党支

部书记讲道:“流转100亩左右土地，一般涉及六七十户，需要村干部挨家挨户做工作，给群众算各种经济账，工作量和难度非常大。如果村民实在不愿意，村集体也不坚持，但相信在其他农户的示范带动下，他们肯定最终会改变主意。”“打消群众的顾虑，需要在土地流转之前就把流转费发放到村民手中。”木门店镇党委书记刘建中说，按目前的价格，流转100多亩耕地需要6万元左右。这虽然不多，但对于常年零收入的村集体来说，还是比较困难的。为解决资金难题，很多村干部带头讲奉献，大多数村“两委”班子成员自掏腰包或借钱垫付流转费。

在镇党委、政府和各村“两委”的共同努力下，这项工作进展顺利。据了解，全镇目前已有29个村基本完成土地流转，2个难点村正在攻坚，近期有望实现31个村全覆盖。村集体种地，一亩地能赚1000元左右；土地流转后，每亩地的流转费和种粮补贴仅五六百元，群众能愿意吗？流转给村集体3亩多地的野兀屯村村民马占峰说，土地流转后，虽然每亩地仅收入五六百元，但是旱涝保收，比较稳定。同时，自己不用操种地的心、受种地的累，可以专心去打工。他希望把家里的地尽快全部流转出去。

木门店镇党委书记刘建中对各村集中承包土地、发展集体经济具有明确的思路和目标:“我们的目标是要把各村集体成方连片承包种植的这百亩粮田，建成壮大村集体经济的‘创收田’、现代农业的‘示范田’、密切干群关系的‘连心田’。”

三、探索土地“代种代管”，为纯农业地区乡村振兴提供新思路

上述的依靠村集体流转百亩土地种粮只是保障集体收入的第一步，

纯农业地区如何在农业上深入挖潜，推动乡村产业振兴？木门店镇也开始进行了探索。

第一，发展村集体对农户土地实行“代种代管”，提高土地利用效率。木门店镇党委书记刘建中介绍，下一步将引导村班子过硬、有条件的村集体对农户土地实行“代种代管”，建设高品质粮饲种植基地，提升现代农业水平。在利益分配中，村集体从收益中提取10%作为管理费，其他90%归农民个人所有，既壮大集体经济，又保障农民持续增收。目前，该镇胡太洲村、野兀屯村、前吴召村等已经“代种代管”了部分村民土地，开始探索这方面的经验。

第二，大力培育新型经营主体和服务主体。通过支持家庭农场、农民合作社等“种养大户”，把土地流转好、把特色产业育强、把社会化服务搞活，进一步激活乡村的土地、资金、科技等生产要素，提升农业规模化、集约化、机械化、组织化、产业化水平。木门店镇党委书记刘建中说，未来木门店将镇逐步形成以村集体“代种代管”、承包经营为主体，家庭农场、农民合作社等承包经营、“代种代管”为补充的土地适度规模经营新模式，带动乡村组织振兴、产业振兴。

专家点评

沧州市青县木门店镇找准农业农村发展“痛点”，立足从农业上做文章、从土地上挖潜力，鼓励各村以集体名义承包村民流转土地，实行规模化集约化种粮，收益归村集体所有，迅速壮大了村集体经济，为纯农业地区乡村振兴提供了新思路，具有一定的示范性和推广价值。

1. 农村集体经济是推进乡村振兴的有力抓手

农村集体经济在本质上确定了农民和生产资料的关系，也体现了社会主义制度的优越性。一方面，农村集体经济为农村基层党组织建设和巩固党在农村的执政地位提供了支持；另一方面，农村集体经济的发展是村级基层民主政治建设的基础，集体经济结构以及组织形式和民主发展关系密切，也促进着乡村民主建设。农村基层党组织在群众中的凝聚力，影响着党的方针落实，也关系着社会主义阵地的巩固，农村集体经济组织和村民组织有着相似性，通过发展农村集体经济能够推动基层党组织建设，增强农村社会主义市场经济活力。

2. 完善土地流转制度是保障农村集体经济发展的关键

土地是农民的根本，是实现乡村振兴的核心，土地流转过程中要切实保障好农民的利益。在探索农村土地流转机制方面，始终坚持“因势利导、依法依规、积极探索、勇于创新”原则，开展农村土地机制创新工作，坚持“依法、自愿、有偿”的原则；“集中、连片、规模”的原则；“指导、管理、规范”的原则；土地向规模集中的原则、保护耕地特别是保护基本农田的原则；确保现有耕地和基本农田农业用途不改变，质量不下降。

以基础设施建设助力乡村振兴

——河北省衡水市武邑县乡村振兴实践案例

背景导读

党的十八大以来，习近平总书记先后 9 次赴河北考察，作出一系列重要讲话，总书记在河北足迹里凝聚着对贫困群众的深深牵挂，为新时代河北省打赢脱贫攻坚战，接力乡村振兴，推动高质量发展和党的建设指明了方向。

河北省衡水市武邑县，位于河北省东南部，衡水市东北部，东邻阜城县、景县，西接桃城区、深州市，南与枣强县接壤，北与武强县毗连，地处京津都市经济圈和临港经济半径辐射范围之内，东北与泊头市为邻，东西最宽 27 公里，南北最长 42.5 公里，总面积 832 平方公里。武邑县辖 7 镇、2 乡、1 区。根据第七次人口普查数据，截至 2020 年 11 月 1 日零时，武邑县常住人口为 265962 人。武邑县 1994 年被国务院确定为国家扶贫重点县，2001 年被国务院列为扶贫开发重点县，2002 年被命名为“河北蔬菜之乡”。2020 年 12 月，入选河北省数字乡村试点地区名单。2018 年，武邑县地区生产总值完成 82 亿元，是

2010年的1.83倍，年均增长7.8%。2018年9月29日，河北省人民政府发出通知，正式批准武邑县退出贫困县序列。

2018年，武邑全县耕地83万亩，农业人口27.9万人，农村人均耕地3亩，高于全省、全国平均水平；年产粮食8亿斤、蔬菜7亿斤、果品1亿斤，生猪存栏16万头、肉奶牛存栏7.5万头；全县发展省级现代农业园区1个、市级现代农业园区达到4个；省级农业龙头企业达到8家、市级49家；农民专业合作社1676家，其中国家级示范社4家，省级13家，农业产业化经营率达到64.4%；无公害认证蔬菜产品达到21个，绿色产品认证3个。2020年1月2日，武邑县入选全国第四批率先基本实现主要农作物生产全程机械化示范县（市、区）名单。

贾寺院村位于武邑县城以东8公里处，全村总户数121户393人，总耕地面积800亩，其中蔬菜大棚420亩，光伏占地220亩。2017年建档立卡贫困户10户23人，低保户5户，五保户2户，现已全部脱贫。主要经济来源以种植蔬菜大棚为主，年人均可支配收入达到2万元。2017年贾寺院村被武邑县政府纳入“美丽乡村”之列，是武邑县乡村振兴建设的典范。

基本做法

一、加强基础建设，夯实村庄腾飞基石

2017年贾寺院村被武邑县政府纳入“美丽乡村”之列，县里投资800余万元整体提升村容村貌和基础设施。中央党校（国家行政学院）投资40余万元建成村“两委”办公楼1座，完善党员活动室1间、农

家书屋 1 间、多功能（教育、培训、会议）活动室 2 间；县里投资，村里通了自来水，完成了旱厕改造和污水处理，安置大垃圾箱 1 个、小型移动垃圾箱 20 个，安装了 28 盏路灯和 3 套健身器材；建成 3000 平方米的文化广场，新建了标准篮球场，搭建了戏台子。2018 年，村内道路实现全部硬化，埋设了天然气管道，做饭取暖改用清洁能源。所有墙面粉刷一新，房前屋后种上树木和草坪，共种植各种树木 1000 余株，建设了村东小花园和银杏广场，修整河道 400 余米。以特定设施农业、现代化农业发展为主题，建造村史馆与贾寺书院，完成与邻村赵寺院村连村公路改造。2019 年县里投资，修建一条直达 339 国道的入村公路，彻底解决了困扰村民多年的出行难题。

二、加强产业扶持力度，助推村庄快速发展

2016 年，村里成立了兴彪合作社，最大限度地为种植户提供服务，全村大棚棚膜、秧苗等物资由合作社统一购买，把种植成本降到了最低；2018 年，中央党校（国家行政学院）投资 120 万元帮扶建设智能连栋温室 2 座，成立育苗基地；2019 年通过实施农村集体经济产权制度改革工作，争取上级扶持资金 50 万元，用于继续扩大村集体蔬菜产业，新建冬暖棚 3 个，每年增加村集体收入 4 万元；2020 年，开发利用光伏间闲置土地，中央党校（国家行政学院）投资 17 万元平整光伏空地 100 余亩，建起 60 亩西瓜种植基地，武邑县投资 90 万元建起 40 亩春秋棚，中央党校（国家行政学院）投资 20 万元建起了扶贫养殖产业园；2020 年，中央党校（国家行政学院）投资 200 多万元，建设贾寺院耕读文化小镇项目，将贾寺院打造成为一个集儿童游乐、手工及

农事体验、果菜采摘、科普教育为一体的乡村研学旅游基地；2021 年，武邑县投资 205 万元建设 6 座现代化冬暖棚，进一步助推村民增收；乘旅发大会东风，中央党校（国家行政学院）及武邑县投资 400 多万元对原有基础设施进行提升，重装乡村记忆馆、贾寺书院，建成武邑农产品展销会场，对村内部分道路柏油铺新，使贾寺院村农、文、旅结合更加紧密。

三、畅通农产品流通渠道，实现村庄富裕梦想

在加强农业生产相关产业扶持力度的同时，贾寺院村又进一步打通了确保农产品销售的物流渠道。中央党校（国家行政学院）帮扶建成容量为 200 吨的恒温冷库 2 座，免费提供给收购商使用，各地客商络绎不绝，种植户卖菜足不出村，既节省了时间，又保证了蔬菜质量，更提高了种植效益。同时，我们利用 832 平台、武邑县电商平台，以线上渠道，向全国各地推销贾寺院村的香油麻酱、蔬菜瓜果，中央党校（国家行政学院）工会、食堂，衡水市内各单位通过 832 平台进行消费帮扶，让村内农产品快速流转，老百姓的劳动兑现成了钞票，实现了致富的梦想。

专家点评

贾寺院村在脱贫以来持续加强扶贫产业扶持和规范，扎实推进乡村振兴建设，组织开展实用技能培训，稳固好贫困群众增收渠道培育壮大现有的扶贫产业，培育壮大一批新型经营主体，结合农村人居环

境整治，强力做好贫困村基础设施改造提升。

1. 全面推进乡村振兴要强化产业支撑

在农产品相关产业的发展中，要认真吸取脱贫攻坚期产业扶贫的经验教训，加强产业发展规划，以乡村优势特色资源为依托，支持、促进农村一二三产业融合发展，推动建立现代农业产业体系、生产体系和经营体系，推动品种培优、品质提升、品牌打造和标准化生产。采取措施加强农业科技创新，加强农业技术推广体系建设，鼓励农业机械生产研发和推广应用，鼓励农业信息化建设。

2. 创新人才机制，吸引人才回乡创业

贫困地区要发展，需要因地制宜，解放思想，有创新的想法，需要人才参与到乡村发展上来。贾寺院村在致富能人带领下，敢闯敢试，2012 年引进大棚种植，找到了村里发展的金钥匙，村民们依靠大棚种植，都富裕起来。当前，贾寺院村重心转移到乡村振兴上来了，更要鼓励扶持有能力、有梦想的年轻人奋斗拼搏，带领全村人民增收致富。

全力打造北京市践行“两山”理念示范点 高质量建设首都乡村特色的共同富裕示范区

——北京市房山区周口店镇乡村振兴示范区建设实践案例

背景导读

北京市房山区历史文化底蕴深厚，红色基因薪火相传，《没有共产党就没有新中国》歌曲就诞生在这里。周口店镇地处房山区中部地区，按照房山区分区规划，周口店镇属于生态涵养区，功能定位为国际文旅休闲小镇。周口店镇是人类文明发源地之一，辖区文化底蕴深厚，红色资源丰富，举世闻名的世界文化遗产“北京人”遗址坐落在周口店镇，新中国成立初期闻名全国的“红色背篓”精神诞生在辖区黄山店村，自新中国成立以来镇域范围内先后涌现出4位全国劳动模范和11位北京市级劳动模范。

周口店镇乡村振兴示范区（以下简称示范区）项目2021年7月8日获国家乡村振兴局批复，是北京市首个中央彩票公益金支持的革命老区乡村振兴示范区项目，也是全国40个重点支持项目之一。项目范围涵盖周口店镇西部山区8个村，包括拴马庄、黄山店、黄元寺、泗马沟、长流水、葫芦棚、涞沥水和北下寺，其中泗马沟、长流水、葫芦棚和北下寺年集体经济收入不足10万元，属集体经济薄弱村。示范区总面积约4795公顷，户籍人口1305户2931人，常住人口2591人，村集体经济发展以文旅产业为主，年接待游客35万余人次。

基本做法

近年来，示范区坚持以习近平新时代中国特色社会主义思想为指导，深入贯彻“两山”理念，全面落实乡村振兴战略，大力推进产业、人才、文化、生态、组织等“五大振兴”，各项工作取得积极成效，示范区内乡村旅游产业初具规模，红色文化品牌逐步打响，基础设施建设加快推进，人居环境持续改善，农民人均所得逐年提高，乡村治理体系更加健全，集体经济不断发展壮大，脱低增收工作成效显著。当前和今后一个时期，示范区将以乡村振兴为契机，依托历史底蕴深厚、红色资源丰富、交通优势明显、生态环境优美等优势，充分发挥示范引领作用，着力构建“八村联动”模式，积极探索乡村振兴的有效实现形式，全力打造北京市践行“两山”理念示范点、颇具首都乡村特色的共同富裕示范区，走在全市推进乡村振兴的前列。

一、制定科学实施方案，建立严格管理制度

2021年7月15日，市财政及时足额将中央财政下达的5000万彩票公益金支持项目资金拨付至房山区。根据项目建设总体进度安排，严

格执行中央彩票公益金资金管理办法的相关规定，确保资金使用合法合规，按照既定方案全部用于示范区内产业振兴项目和村居提质项目。

为有序推进示范区建设，制定了《北京市房山区周口店镇国家乡村振兴示范区建设实施方案》，明确了建设内容和绩效目标，分“前期准备、工程建设、竣工验收”三个阶段有序推进。市区两级成立示范区建设工作领导小组，周口店镇设立工作专班，进一步压实责任、明确目标，分解任务、强化管理。在按计划组织实施的同时，聘请专业的工程监理公司，全过程加强工程质量监督，确保施工有序、质量过硬。

严格落实《关于加强扶贫项目资产后续管理的指导意见》等相关管理规定，明确项目建设形成的资产归村集体所有，充分发挥西八村党建协调委员会作用，由镇党委牵头、八村党支部积极参与，认真落实后续管理责任。将示范区基础设施建设项目纳入美丽乡村管护范围，健全完善工作机制，规范开展后续管护运营。示范区项目实施形成的收益，制定收益分配使用方案，一部分由镇级层面统筹，推动八村联动，实现共同富裕；一部分归属村集体所有，用于滚动开发，壮大集体产业，造福居民群众。

二、统筹规划，扎实推进示范区建设

为高质量推进示范区建设，基于科研论证形成了示范区总体规划。规划紧紧围绕中央提出的乡村振兴20字总要求，深入落实《北京市“十四五”时期乡村振兴战略实施规划》和《房山区“十四五”时期乡村振兴战略建设规划》，立足实际、着眼长远、因地制宜、系统谋划，探索建立“八村联动”发展模式，依托示范区内自然山水生态本底和红色文化精神底蕴，充分发挥黄山店村集体经济绿色转型的引领作用，以发展休闲旅游、精品民宿、生态农业等产业为主导，以构建“望得见山、看得见水、记得住乡愁”场景为主线，以基础设施建设、公共服务配套为纽带，对区域内各类生态、文化、历史资源统筹安排布局，联动开发示范区优势资源，制定示范区建设时间表、路线图，着力打造精品民宿、生态观光、休闲旅游三大产业集聚区，大力推进“五大振兴”，全面推动示范区八村经济社会高质量发展。

示范区规划建设周期为2021年至2025年，规划总投资8.6354亿元，主要用于产业振兴项目、村居提质项目、基础设施完善项目、文化建设项目、人才振兴项目。其中，产业振兴项目规划投资60464万元，重点规划建设精品民宿工程、休闲产业配套工程和特色农业种植、中医药文化等产业提升工程；村民提质项目规划投资11012万元，重点推进煤改清洁能源建设、人居环境整治提升、污水处理设施建设和农村危房改造；基础设施完善项目规划投资12128万元，重点规划建设示范区交通畅通工程、废弃物循环利用工程和美丽乡村建设工程；文化建设项目规划投资2250万元，重点用于红色文化传承项目和乡风文化建设项目；人才振兴项目规划投资500万元，加大对示范区人才引进和村民职业技能培训，培养专业技术人才。

示范区规划近期目标是：建成休闲旅游观光示范区，实现五大转变，即“一山独秀”向“全域旅游”转变，“旅游为主”向“复合发展”转变，“门票经济”向“综合经济”转变，“多头管理”向“统筹集约”转变，“单一季节”向“全时全季”转变。示范区规划远期目标是：建成乡村振兴示范区，实现产业、人才、文化、生态、组织等“五大振兴”目标，成为农业强、农村美、农民富的宜居宜业宜游的美丽乡村，逐步实现共同富裕。

北京市房山区周口店镇乡村振兴示范区概览

在科学规划的基础上，按照一张蓝图绘到底的思路，为加强组织实施提供机制体制保障，成立了北京市房山区周口店镇国家乡村振兴示范区建设工作领导小组，建立了领导小组工作机制，对示范区工作实行月例会、周调度制度，定期研究和推动示范区规划建设。示范区项目启动以来，领导小组及办公室先后组织召开 10 余次专题会议，就示范区规划审定、配套项目建设、手续办理等工作进行协调推动，为示范区项目有序推进提供坚强保障。同时，房山区委、区政府明确提出示范区项目要“重点支持、重点打造、特事特办”。周口店镇建立党建协调委员会，组织示范区八村党支部书记研究讨论示范区发展规划，对接专业设计团队对示范区进行实地走访和测量，会同各有关部门就项目实施方案进行多次研讨和反复修改，并按照项目申报和建设流程，全面推进项目具体组织实施工作。

按照示范区总体规划建设实施方案，市、区、镇三级联动，制定完善“一方案（项目实施方案）、三清单（任务清单、支持清单、问题清单）”，分解任务、细化责任，倒排工期、加速推进。在中央彩票公益金支持的同时，结合全市乡村振兴规划和区、镇重点工作安排，梳理和确立了市、区配套项目和示范区后续建设内容，共5大类、41项。示范区项目建设实际内容严格按照国家乡村振兴局批复进行，同时强化过程监管，确保建设内容与规划方案一致。截至2021年底，已累计完成投资4.2亿元，完成民宿改造52套、街坊路7.86万平方米、绿化工程9.42万平方米、路灯760盏、户厕改造486户、收集垃圾设施1798个、供水管网1.022万米、污水管道1.0855万米、供水站1座、污水处理站1座、厨余垃圾及农林废弃物处理站1座，占总投资48%。

三、协调联动，全面推进乡村振兴

产业振兴强底气。示范区依托独特的生态优势和文化资源，大力发展休闲旅游、精品民宿、特色农业等产业，进一步发挥黄山店村的示范和引领作用，打破原有村域界限藩篱，联动开发示范区各村资源优势，促进生产要素优化配置、系统布局，突破当前发展困局，推进资源互享、产业互动、功能互补、空间互通。目前，已经基本形成以黄山店坡峰岭景区为龙头，辐射示范区内“醉石林”“迎风峪”“官才山”“药王谷”等景点的旅游产业格局，拉动了周边各村餐饮服务业增收及农副产品销售，各村集体经济得到壮大和发展。示范区八村2021年农民人均所得达18229元，比2020年增加1214元，增长7.13%。

人才振兴引活水。在市、区有关部门的大力支持下，为示范区内相关村选派第一书记或乡村振兴协理员，为示范区建设提供人才支撑。目前，黄元寺村、长流水村、泗马沟村、北下寺村、葫芦棚村均配备第一书记1名，黄山店村配备乡村振兴协理员1名。积极对接中国农业大学、北京农学院、北京市农研中心，探索建设北京市乡村振兴实践与研究基地，推动成立教授工作站，积极搭建人才振兴的有效载体。积极推进乡村医生、乡村教师、生态管护员等本土人才队伍建设，加强公共服务和生态保护，累计培育和安排各类本土人才230余人。围绕打造精品民宿，加强民宿管家、乡村厨师等实用人才建设，深入开展“大厨下乡”活动，举办北京市首届“乡村厨神”大赛，为示范区配备民宿管家58人。大力引进专业化人才，与远方网、当代置业、山行集等专业团队合作，全面推进民宿管理专业化运营，为示范区人才振兴提供人才保障。

文化振兴凝心魂。充分发挥黄山店村党支部书记全国劳动模范榜样力量，大力弘扬“红色背篓”精神，将“红色背篓”精神纪念馆打造成为推动历史传承、弘扬文明乡风、焕发乡风文明新气象的“教育辐射平台”，引领示范区党员干部群众筑牢初心使命，积极投身示范区建设。积极争取市、区宣传部门支持，推动示范区八村每村建设一个村史馆，已列入年度工作计划，对各村历史文化特色进行挖掘、整理、提炼，留住乡愁记忆，延续历史文脉，挖掘和保护好乡村文化。充分利用新时代文明实践站，加强农村思想道德建设和社会主义核心价值观教育，持续开展文明乡村建设，广泛开展美丽庭院创建，为乡村文化振兴注入强劲动力。黄山店村被评为“全国文明村”，泗马沟村、黄元寺村、葫芦棚村被评为“首都文明村”。

生态振兴筑基底。通过项目实施，进一步放大“两山”理念实践的示范效应，积极开展生态建设和环境保护，推广使用清洁能源，减少二氧化碳排放量，通过中心村联动周边村，全面推动绿色发展，真正将绿水青山变成金山银山，实现生活、生产、生态“三生”空间有机统一。截至2021年底，示范区累计完成百万亩造林任务0.43863万亩，森林健康经营1.886万亩，京津风沙源治理0.49万亩，矿山修复1580.55亩，各村实现优质型煤全覆盖。坚持因地制宜、统筹推进，深入开展农村“厕所革命”，累计完成户厕改造371户，新建公厕13座，安排公厕专管员13名。聚焦关键小事，各村采用村收集、镇运输、区处理模式，规范垃圾分类桶站建设，村“两委”、党员干部带头做好“桶前值守”，配备桶前轮流值守员320余人次，不断提高垃圾分类的有效性。

组织振兴促担当。坚持党建引领，建立西八村党建协调委员会，在镇党委的直接领导下，统筹推进西八村基层党建工作，充分发挥基层党建在国家乡村振兴示范区建设中的引领作用。在党建协调委员会这一框架下，通过定期协商、民主议事、加强治理等，实现示范区建设一体谋划、一体设计、一体推进。全面夯实基层基础，大力推进西八村党支部标准化规范化建设，不断加强村“两委”干部、党员队伍、村民代表队伍建设。围绕“大党建＋大治理”，不断健全完善党务公开、党员设岗定责、党员联系户、积分制等工作机制，为推进示范区建设提供坚强组织保障。通过推进组织振兴，示范区党建引领作用不断强化，基层党组织战斗堡垒作用和党员先锋模范作用得到充分发挥。2021年建党100周年之际，黄山店村党支部被评为“全国先进基层党组织”，成为北京市唯一一个农村基层党组织代表。同时，涌现出北京市优秀共产党员张进刚、房山区优秀共产党员郑迪忠等一批先进典型。

四、传承红色基因，凝聚群众力量

作为“红色背篓”精神诞生地，示范区建设充分发扬“坚决听党话、坚定跟党走、坚持为人民”的“红色背篓”精神，大力贯彻以人民为中心的发展思想，广泛发动群众参与示范区建设。

示范区规划前期充分尊重群众意愿，通过召开党员大会、村民代表会、群众座谈会、入户走访等多种形式，广泛听取群众意见，将群众提出的村居提质、产业振兴、危房改造、煤改电、矿山修复等意见建议全部纳入示范区总体建设规划。示范区建设过程坚持“人人参与、共建共享”，广泛发动群众参与，统一群众思想，凝聚群众力量，形成推动示范区建设的强大合力。泗马沟村广大群众踊跃参与中医药文化产业发展，累计种植金银花、黄芪、板蓝根等药用植物 30 多个品种、200 余亩；拴马庄村广大群众积极推动特色农业种植，年产优质国光苹果 5 万余斤；黄山店、涞沥水、葫芦棚等村广大群众出工出力，参与修建人行步道 8.88 万平方米、步道护栏 6000 余米，以实际行动支持示范区建设，群众的坚定支持、广泛参与成为推动示范区建设的磅礴力量。

五、破解难题，强化保障，夯实建设基础

示范区建设始终坚持多元化投入，统筹整合各级财政资金，积极引进社会资本参与，整合资源、聚集力量，统筹解决资金需求，全力加快示范区建设。截至 2021 年底，在累计投入 4.2 亿元的资金中，各级财政资金投入 2.68 亿元，占比 63.81%；村集体自筹 1.07 亿元，占比 25.48%；社会资本投入 0.45 亿元，占比 10.71%。同时，创新工作方式方法，引导资源要素聚集，以黄山店村为试点，推动零散供地试点建设，秉持“按需供地”的原则，着力破解土地供应难题，目前正在制定土地指标研究方案。强化人才支撑，将示范区八村全部纳入全市

“百师进百村”范围，举办北京市“百师进百村”活动启动仪式，从市级层面选配优秀团队，结合示范区建设总体规划，立足各村基础条件、现状特点、资源禀赋和现实需求，为示范区各村“量身定制”发展规划方案，谋划未来“发展蓝图”。强化数字技术应用，积极对接全国和市区供销系统，通过“互联网＋”“直播＋”等形式，推动建设示范区特色产品电商中心。推动示范区建设与数字化融合，研究制定《北京市房山区周口店镇国家乡村振兴示范区数字乡村建设方案》，构建集防火防汛防疫、数字旅游、智慧农业、乡村治理等于一体的现代化综合管理服务平台，不断提升示范区建设信息化水平。加快农业科技示范基地建设，设立农业科技专家工作站，推动示范区中草药种植、鲜食玉米、高效设施农业等特色产业高质量发展。

专家点评

北京市房山区周口店镇乡村振兴示范区作为首都推动革命老区乡村振兴的样板，在建设过程中坚持以人民为中心的发展观，以党的坚强领导为保障，以科学规划作为前提，以前瞻性战略为引领，以产业振兴为核心，以强大主体自觉为支撑，“边推进、边总结、边提升”，通过积极探索和系统梳理，逐步形成了独具特色的发展模式。为全面推进乡村振兴做出了有意义的探索，积累了经验，形成可复制的样本。

1. 乡村振兴必须制定科学目标

遵循长期发展规律，实事求是地从当地实践出发，确立科学目标，是乡村振兴迈出扎实步伐的第一步。北京市房山区周口店镇乡村振兴示范区建设，就是从“推动八村全面振兴，逐步实现共同富裕”这个确定目标开始展开规模和联动共建的。

2. 乡村振兴必须坚持党建引领

乡村振兴离不开村镇群众的参与，而村一级管理是法治、自治和德治的复合形态，这一形态离不开党的领导，离不开基层党组织党的建设。因此，乡村振兴必须强化党建引领机制，形成发展的主体合力。北京市房山区周口店镇乡村振兴示范区通过建立八村党建协调委员会，由镇党委牵头、八村支部参与，定期召开会议，组织开展各类活动，引领示范区高质量发展。

3. 乡镇振兴必须深入践行“两山”理念，大力推行绿色发展

农村是生态环境的关键领域，也是生态文明建设的主要空间构成，乡村振兴必须推动生态优势向经济效益转变，努力把绿水青山转变成金山银山。

4. 乡村振兴必须全面贯彻新发展理念，坚持发展这个第一要务

发展是具有系统整体性特征的，乡村振兴必须遵循经济发展的基本规律，实现创新、协调、绿色、开放、共享的高质量发展。北京市房山区周口店镇乡村振兴示范区实施一体模式，探索实行八村联动发展模式，打破原有村域界限藩篱，推动和实现资源互享、产业互动、功能互补、空间互通。

5. 乡村振兴必须深入落实文旅融合发展战略

乡村振兴要依托生态观光、精品民宿、红色文化、特色农业等资源，大力发展文化旅游产业，实现一二三产业的深度融合，加快实现产业兴旺。